未来が視《み》えない！

どうしてこんなに通じ合わないんだろう？

江原啓之　鎌田東二

集英社

まえがき

◆伝わらない苦悩

私が『子どもが危ない！』を出版しましたのが二〇〇四年です。その後二〇〇五年『いのちが危ない！』を出版し、物質的価値観という現世の苦悩の源を見つめ直そうと提言しました。

そこでは多くの共感を得ながらも、実際には世の中はよくなることもなく、むしろ子どもによる殺人事件が世の中を震撼《しんかん》させ、人々はしあわせとは何かを理解せず、その結果、この国では未だ毎年二万人を超える自殺者が出ています。

その上、いのちの尊厳をどのように考えるべきかの論議も足りないままに安楽死などが注目されました。

私は「価値があるから生きるのではなく、生き抜くことに価値がある」という信念から安楽死には反対です。

余命宣告された場合は積極的治療よりも、残された時間のクオリティーを重視する尊厳死に賛成します。

世の人々の多くが「生きる価値がないなら、死んだほうがいい」と安楽死を希望しているのが現実です。

けれども、その生きる価値とはなんなのでしょう？

人の価値の優劣は、どのように判断するのでしょうか？　自分で自分のことができない人には価値がないのでしょうか？

私には多くの人が持つ価値観の優劣がヒトラーが依拠した優生論と同じ価値観であるように感じるのです。

そのような折に相模原障害者施設殺傷事件が起きました。

二〇一六（平成二十八）年七月二十六日未明に神奈川県相模原市緑区にあった神奈川県立の知的障害者福祉施設「津久井やまゆり園」にて発生した大量殺人事件。元施設職員の植松《うえまつ》聖《さとし》（事件当時二十六歳）が施設に侵入して所持していた刃物で入所者十九人を刺殺し、入所者・職員計二十六人に重軽傷を負わせました。犯行動機は「意思疎通のできない重度の障害者は不幸かつ社会に不要な存在であるため、重度障害者を安楽死させれば世界平和につながる」という思想。

まさに私が危惧していた物質的価値観という価値の優劣が引き起こした犯行です。

ですから安楽死に賛成する人々が、私には皆、優生論者に思えてならないのです。

そのことを私が客員教授を務める大学の学生たちに話したり、講演会にいらしてくださった人々に問うてみても、多くの人は安楽死に賛成はしても、自分自身が優生論者であるという自覚などまったくないのでした。

人はなぜ、いのちに優しく向き合えないのだろうか？　私は考え続けました。

そして二〇一九年『あなたが危ない！』を出版しました。

そこでは食の問題などを通して、フィジカルからメンタルに影響を及ぼしていること、そして現代の人々があまりにも食というべきいのちに対して安全性よりも味と利便性ばかりに拘《こだわ》り、それと同様に人の心も正常な愛念を失っているのではなかろうかということについて様々なエビデンスも踏まえて警告を書かせていただいたのでした。

しかし、それでも伝わらない。

すでに『子どもが危ない！』を刊行してから二十一年が経ちました。

コロナ禍もあり、同時に社会全般から世界情勢、人々の心に至るまで、現代は分裂と分ニュースを見ても、何が正しいのか分からず、つねに社会に対して疑心暗鬼にならざるを得ない世の中となりました。

戦争に紛争と人々の心は分断されていき、このままではこの世が滅びてしまうと痛感し、二〇二三年に最後のメッセージ集として『この世が危ない！』を出版しました。

所詮スピリチュアリストの提言です。

それでも、その提言の根底に愛があれば必ずや人々に通じると信じていました。

けれど、いくら伝え続けてみても私には世間の人々の顔が幸せそうには見えないのです。

「未来に希望などない」と老若男女問わず多くの人が口にします。

何が間違っているのか。何が必要なのか。

その答えは『子どもが危ない！』から『この世が危ない！』までに理路整然と伝えさせていただきました。

スピリチュアリスト活動三十五年を過ぎた今も、どうしたら幸せになれるのかを伝え続けてきました。

しかし、通じない。

私のたましいは立ち往生してしまいました。私の心は渇いてしまいました。

そんな折に私の國學院大學時代の恩師、鎌田東二先生と三十七年ぶりに再会したのでした。

私は師に、自分自身の渇いた苦しみを吐露しました。

本書は私の伝わらない苦しみとたましいの渇きを鎌田東二先生がたましいで向き合い、受け止めてくれたものです。

そして鎌田東二先生の導きでシスター髙木慶子《たかきよしこ》先生とお目にかかることができました。

私のたましいの渇きは充たされるのでしょうか？　その結論は本書の中にあります。

真摯に向き合ってくださった鎌田東二先生、シスター髙木慶子先生に心より感謝申し上げます。

そして私は、通じ合う歓《よろこ》びを求めて、いのちある限り歩み続けるのです。

江原啓之拝

未来が視《み》えない！

目次

目次

第2部 どうしてこんなに通じ合わないんだろう？

第3部 【鼎談】江原啓之×鎌田東二×髙木慶子
この世のすべてはギフト

カバー・本文写真（オペラ写真を除く）—HAL KUZUYA
デザイン—ミルキィ・イソベ＋安倍晴美
組版—有限会社一企画
校正—株式会社ケイオウ

未来が視《み》えない！

どうしてこんなに通じ合わないんだろう？

第一部

未来が視《み》えない

日本オペラ協会公演

オペラ『ニングル』

公演｜2024年2月10日～12日
主催｜公益財団法人日本オペラ振興会／公益社団法人日本演奏連盟
共催｜公益財団法人目黒区芸術文化振興財団
原作｜倉本聰　作曲｜渡辺俊幸　オペラ脚本｜吉田雄生
総監督｜郡愛子　指揮｜田中祐子　演出｜岩田達宗
合唱｜日本オペラ協会合唱団　管弦楽｜東京フィルハーモニー交響楽団
合唱指揮｜河原哲也
美術｜松生紘子　衣裳｜下斗米大輔　照明｜大島祐夫　振付｜古賀豊
舞台監督｜伊藤潤　副指揮｜諸遊耕史／鏑木蓉馬　演出助手｜三浦奈綾

【出演者】
勇太（ユタ）｜須藤慎吾／村松恒矢
才三｜海道弘昭／渡辺康
かつら｜佐藤美枝子／光岡暁恵
ミクリ｜別府美沙子／相樂和子
スカンポ｜中桐かなえ／井上華那
光介｜杉尾真吾／和下田大典
信次｜黄木透／勝又康介
民吉｜久保田真澄／泉良平
ニングルの長（カムイ）｜江原啓之／山田大智
かや｜丸尾有香／長島由佳
信子｜佐藤恵利

＊本作品のDVDは日本オペラ振興会公式ショップ「JOF Shop」にて発売中。
URL｜https://jof.base.shop/
お問合せ｜公益財団法人日本オペラ振興会　03-6721-0995

◆オペラ嫌いの人間が開眼

二〇二四年二月十日、東京・目黒の「めぐろパーシモンホール」でオペラ『ニングル』の公演が行われた。倉本聰《そう》の『ニングル★1』を原作に据え、オペラに仕立てたもので、江原啓之さんは、「ニングルの長《おさ》（カムイ）」役で出演しており、鎌田東二さんはこの初日公演を観劇した。

あらすじ

富良野岳の山裾にピエベツという村があった。勇太《ユタ》や才三ら若者たちは森を伐採し、農地の新たな開拓を計画していた。勇太とかやの結婚式の夜、勇太と才三は勇太の姪《めい》のスカンポを連れて森を訪れ、そこで不思議な生き物と出逢《であ》う。15センチくらいの小さな人間。かつて

★1　北海道の原生林に住むという伝説の先住民族「ニングル」を題材に、人間と自然の共生や環境保護をテーマにした小説。理論社、一九八五年。二〇二三年に新装版刊。

アイヌの先住民たちは彼らを「ニングル」と呼んだ。ニングルは勇太と才三に告げる。「森ヲ伐《き》ルナ、伐ッタラ村ハ滅ビル」ニングルの言葉を信じる才三とニングルの存在を否定してしまう勇太。才三は村から孤立してしまった。

しかし、やがて村は大洪水に襲われ、豊かだった水が枯れた。増えるはずの収穫は思い通りにはいかず、人々は借金に苦しめられた。ニングルの予言通り、村は破滅へと向かってしまったのだ。本当の豊かさとは、本当の幸せとは何なのか、そして人間は、「生命の木」を未来に繋ぐことができるのだろうか――。（同公演パンフレットより）

鎌田　正直言うと、私はオペラは嫌いなんですよ。いわゆるミュージカルも好きじゃない。ただ、例外は二つあって、『ヘドウィグ・アンド・アングリーインチ★2』には、眠れないぐらいはまった。

江原　ロック・ミュージカルですね。

鎌田　もう一つは『サウンド・オブ・ミュージック★3』、こちらは何度観てもすばらしいと思います。でも、オペラに関しては、どうやっても入っていけない。プッチーニとか有名なオペラをいくつか観も聴きもしましたが、一度も面白いと思ったことがなかった。

江原　でも、『ニングル』はよかったんじゃないですか。

鎌田　いや、それを言おうと思ったんです。私のオペラ観が変わったということをね。

オペラは好きではないけれども、声楽家としての江原さんを含めて、江原さんの生き方そのものを確認したい、見届けないといけないと思って行ったわけです。そうしたら、やっぱり最初の三十分、四十分くらいまではうまく入っていけずに、ところどころウトウトッとしていたんだけれど、江原さんのニングルの長（カムイ）が出てきてからちょっと感覚が違ってきました。まず純白の衣装、それから江原さんの存在感と歌のマッチングというか、台詞《せりふ》。そういうものが自分の中にスッと入り込んできて、その辺から変わってきた。

★2　性別適合手術をして女としてアメリカに来たロック・シンガー、ヘドウィグを主人公としたロック・ミュージカル映画。監督・主演：ジョン・キャメロン・ミッチェル。二〇〇一年公開。

★3　第二次世界大戦直前のオーストリアを舞台にトラップ一家と家庭教師の修道女マリアを描いたブロードウェイ・ミュージカル（一九五九年）を元にしたミュージカル映画。監督：ロバート・ワイズ、主演：ジュリー・アンドリュース。一九六五年公開。

で、第一幕が終わる頃には、あの北国の深い雪の中の白銀世界にかなり入り込んでいた。あそこで私のオペラ観が劇的に変わったんですよ。休憩後、第二幕から次のシーンに入って、そこから後半にかけてが非常にドラマチックですよね。最初は主人公の勇太《ユタ》君の世界に入っていけなかったのが、後半は彼の一挙手一投足に、「ああ、そうだよね、すばらしいよね」と感応しました。

後半、特に全体が白の世界に転換してからは勇太君だけでなく、ほかの配役も全員生き生きと見えてきた。そして、最後のドラマチックな廃木というか枯木みたいなものを捧《ささ》げる敬虔《けいけん》な神事のようなシーンは本当に泣けました。

要するに、オペラが嫌いだった人間が、江原啓之によってオペラに開眼したんです。

江原　そうおっしゃっていただき、総監督もスタッフもみんな喜ぶと思いますけど、鎌田先生がそう思えたのは、やっぱり日本語でメッセージがまっすぐと心に響く日本オペラだからなんですよね。いまでも西洋のオペラはあまり人気がないんです。やはり日本人には日本人の感性に合う内容がいいのでしょうね。

鎌田　ああ、そうなんですね。私は現代の能を見慣れているものですから、どうしても字幕があるとそちらを見ちゃうんですよ。今の能舞台のいくつかでは、シテ（主役）やワキ

2024年 日本オペラ協会公演『ニングル』©公益財団法人日本オペラ振興会

（脇役）や地謡《じうたい》の台詞（詞章）を左右に電光掲示字幕で示すことがあり、それと同じ上演法だったので、前半は字幕をしっかり読んでいたのですね。でも、隣の人をちらっと見たら、字幕は見ずにまっすぐ舞台を観ている。「この人は台詞を聞くだけで頭に入っていくんだな」と思った。で、後半は私も字幕もたまに見るけれど、意識して舞台のほうを見るようにしたら歌っている人の声がダイレクトに入ってきました。翻訳だったらああいうわけにはいかないでしょうね。

江原　日本オペラだから、本当は字幕は要らないんですけど、アイヌの言葉とかが出てくるので、その文化を知らない人のためにも字幕が必要なんですね。

鎌田　休憩のときに真っ先に、脚本を買いに行ったんです。そうしたら、原作は売っているけど脚本はない、と。ということは、脚本を新たにつくったわけですね。あの脚本はよかった。

江原　作曲家の渡辺俊幸さんが言っていました。やっぱり脚本がよくないといい曲はできないと。なぜならば、作曲には工夫があって、たとえば「雨」という言葉があったら、「アーメ」ではなく「アメ」となるように日本語のイントネーションに合わせて作曲することが必要になるんです。そこに書かれている言葉がオペラの曲のメロディーをつくっていくから、やっぱり脚本がよくないと駄目なんですね。

◆オペラ『ニングル』が伝えたいこと

鎌田　パンフレットには、倉本聰さんの「『ニングル』に寄せて」という文章が載っていますが、そこに「この作品が今のこの、地球環境を際限なく破壊し、我々の暮しを崩壊の道へ進めている社会に、大きな反響と感動をもたらして下さることを切に期待し、祈るものです」といった悲壮な覚悟が書かれています。

今回のオペラ版『ニングル』の世界は、宮﨑駿《はやお》の漫画版『風の谷のナウシカ★4』を原作としたアニメ版『風の谷のナウシカ★5』の世界に近いような気がします。どちらにも地球環境をめぐって、ある種福音的な救済に向かっていかなければならないという強い

★4　作：宮﨑駿。一九八二年に月刊誌『アニメージュ』で連載を開始し、以後断続的に掲載され、一九九四年に完結。単行本全七巻（徳間書店、一九八三〜一九九五）。

★5　原作・脚本・監督：宮﨑駿、プロデューサー：高畑勲、音楽：久石譲。一九八四年公開。

メッセージが切実な訴えとして表れている。森と村と水の三つは決して別々のものではなく、みんなつながっている。ニングルは、そういう循環するつながりを持たなくてはいけない、環境を再構築しなくてはいけないというメッセージをずうっと言い続けてきた。その象徴的な言葉が「森ヲ伐ルナ、伐ッタラ村ハ滅ビル」という言葉なんですね。

江原　水は地球の血液だという考え方もありますよね。『ニングル』の中にも出てきますが、水というのは、実は何百年もかけて蓄えられたもので、それがいま、自分たちのところへ来ている、そういうことの意識がいまの世の中を生きている人たちには稀薄《きはく》なような気がします。水というのはただ蛇口をひねれば当たり前のように出てくると思っていて、そうした循環的なことは考えもしない。

実は、私が『子どもが危ない！』『いのちが危ない！』『あなたが危ない！』『この世が危ない！』という四冊の本で提言してきたのは、まさしくこの『ニングル』が訴えていることと同じなんです。つまり、心よりもモノやカネを大事にして、物質的価値観に流されてしまい本当の幸せを見失っていくことへの警鐘です。

鎌田　四冊、全部読みました。いま江原さんが言われた危機感が切実に伝わってくる。

江原　たとえば、『子どもが危ない！』では、現在の教育の問題点をかなりロジカルに伝えたつもりです。
鎌田　きわめて明晰《めいせき》で、理論的に整理された形で書かれている。スピリチュアルという観点なしに読んでも、きちんと理性的に受け止められます。
江原　ありがとうございます。でも、「教育学者でもないおまえが何を語るのか」というふうな叩かれ方をずいぶんしました。

鎌田　人を学歴とか社会的な体裁でしか見ない人が多いんですよね。私の母もそうでした。学生時代、ふらふらしている私を心配した母から「人に笑われない立派な人間になってくれ」と手紙が来た。でも、人に笑われないというのは世間体、体裁であって、そういうことばかり気にすることと自体、笑うべきことなんです。だから私は「人に笑われるリッパな人間になりたい」と思って、ずっとやりたい

ようにやってきたんですね。

　もっと言えば、人間が住んでいる社会だけを立派にするというか、人間だけが住みやすいようにするということが、そもそも間違っている。ニングルのように、生きとし生けるものすべての魂の叫びを聞かなければならない。人間だけ、あるいは一部の人間だけが立派な層にいるのは根本から間違っている。本末転倒ですよ。そのことは江原さんの本からすごくよく伝わってくる。


江原　いま、その叫びをなんとか伝えなければ、もう後はないというか、先がない。

　実は、今回先生とお話しするにあたって大きなテーマが一つあるんです。スピリチュアリストとして、あるいはミーディアム（霊媒）として申し上げますけど、日本の未来がまったく視《み》えないんです。私の霊眼に映る光景に、日本の未来がないんです。ところが、そのことが世の中の人にはまったく伝わらないというか、ピンと来てないというか、非常に切羽詰まった状況にあるんです。

　この視えない状況がどうしたら視えるようになるのか、そのために何かできることはないか。それこそ倉本先生が奇跡を信じるしかないと言うように、『この世が危ない！』から先をどうしたらいいのか、鎌田先生からのお知恵をいただきたいんです。

鎌田　江原さんは霊能者であり、ヨゲン者でもあるわけですね。ヨゲン者には二種類あって、未来を予知する予言者と、神の言葉を預かる預言者の二つがあるのだけれども、両方とも重なっている部分もあって、そう簡単に分けられるものではない。だから、霊能者も霊媒も、二つのヨゲン者の側面を持つわけです。私は自分を霊媒だと規定したことはありませんが、「何者」かのマリオネットのような道具であるとは思ってきました。その意味では受信機であり、キャッチしたものを伝えていくという預言者のような役回りがあり、それをどう伝えていくかということをやってきたのだと思っています。

たとえば、詩というのは自ら生み出すようでいてそうではない。何かから到来してくるものなんですね。私が二〇一八年に『常世《とこよ》の時軸《ときじく》』という詩集を出して、それ以降も次々と、計七冊の詩集★6を出してきたのも何かしらからメッセージが到来してきたものだと

★6　第一詩集『常世の時軸』（思潮社、二〇一八）、第二詩集『夢通分娩』（土曜美術社出版販売、二〇一九）第三詩集『狂天慟地』（土曜美術社出版販売、二〇一九）、第四詩集『絶体絶命』（土曜美術社出版販売、二〇二〇）、第五詩集『開』（土曜美術社出版販売、二〇二二）、第六詩集『悲嘆とケアの神話論――須佐之男と大国主』（春秋社、二〇二三）、第七詩集『いのちの帰趨』（港の人、二〇二三）。

思っています。『日本書紀』には、垂仁《すいにん》天皇が田道間守《たじまもり》という家臣に、常世の国に行ってきて「非時香菓《ときじくのかくのこのみ》」という不老不死の薬効のある木の実を採ってくるように命じる記事が出てきます。しかし、そういう命の木の実はもうない。そうではあるけれど、我々はないものも探るという探求をしなければいけない。たとえ人類は滅びても命は続くよ、という探求。いずれ間違いなく人類、さらには地球自体が滅び消滅するときが来る。しかし、地球に誕生してきたさまざまな生命の積み重ねというのは、間違いなく次へとリレーされていくだろう。それは確信しているんです。

そういう意味では希望はあるのですが、人類としての道は絶望へとつながっている。だから『常世の時軸』というのは、私なりに「いのちが危ない!」ということを表現したものです。

二冊目の『夢通分娩《むつうぶんべん》』は、そうした絶望の中でどういう生き方ができるかと考えたとき、いまできることは、夢の中で命をつなぐ、声をつなぐことだと。いま実らなくても、夢の中で木を植え続けたり、畑を耕していくことで命をつないでいくということです。つまり、現実をつくる力は夢を見る想像力なんだ、ということです。

三冊目の『狂天慟地《きょうてんどうち》』の冒頭に「みなさん 天気は死にました」という詩があります。これは、一九六八年、私が十七歳の高校三年生だったときに、和歌山県の田辺高校の田村君という同級生の詩人が書いた一行をそのまま引用している。この「みなさん 天気は死にました」という一行が私の魂に槍のように刺さった。それ以来、「みなさん 天気は死にました」という言葉の意味を自分の中で考え続けてきました。

そして十八歳のときに、「ロックンロール神話考★7」というロック・ミュージカルの脚本を書くのですが、それは狂言回し役でもある天気予報官の「みなさん、天気は死にました」というひと言から始まる。主演は中島和秀君という人で、実は、彼が住んでいたアパートに居候しながら脚本を仕上げたんです。中島君は後年、京都大学農学部・理学部の植物園の園丁《えんてい》を二十五年間務めました。二〇一二年に京大が農学部、理学部の施設を新たにつくるので植物園の木を伐ることになった。そうしたら中島君は「木を伐ると祟《たた》りが起こるぞよ」という看板を立てた。一介の園丁がそんなことを言う権利はないと大学側は伐採を強行しようとしたのですが、農学部や理学部の大学院生や若手研究者たちが中島君を

★7 改訂した「ロックンロール神話考Ⅱ 末法篇2024」は、長谷川敏彦×鎌田東二対談集『超少子・超高齢社会の日本が未来を開く――医療と宗教のパラダイムシフト』（ホーム社、二〇二四）に収録。二〇二五年一月二十六日、日本心霊科学会館にて上演。江原氏も天気予報官役として出演。

支援した。京大植物園は長年多様性を維持してきていて、その林相も面白いんです。そして、中島君を支援する人たちの中から京大植物園を観察する会とか、京大俳句という俳句のサークルがもう一回生まれ直す。京大俳句は、山口誓子、水原秋桜子、西東三鬼、石田波郷、加藤楸邨や渡辺白泉といった名だたる俳人を輩出した伝統ある同人俳句誌だったのですが、しばらく休眠状態になっていた。ところが中島君が俳句をつくっていたということもあり、彼の運動をきっかけに再興しようという動きが起こったんです。

中島君も危うく馘《くび》になるところを職員として生き延びて森とともに過ごしていたのですが、二〇一九年、食道がんになってあっという間に亡くなってしまった。奇《く》しくも、私ががんの手術をした日本バプテスト病院の部屋の真上の四階で亡くなった。彼とは十九歳のときに東北一周無銭旅行をして、佐渡島や男鹿《おが》半島や下北半島の恐山にも行きました。思い起こせば、いろいろと尽きせぬ思いが湧いてきます。

彼は中島夜汽車という俳号で俳句をつくっていましたが、最期に「生理食塩水は涙の味がする」という辞世の句を残しました。私もそうでしたが、がん患者は化学療法をやるときに、静脈注射をする前の地ならしというか、まず生理食塩水を注入する。そのあとに薬剤を注射して、最後にまた生理食塩水を注射する。私はなめたことはないけれど、食塩水ですからしょっぱいんでしょうね。

長々と話してしまいましたが、要するに、私の危機感は、十九歳のときの「みなさん、天気は死にました」から始まっているということを言いたかったのです。

◆自然の声を聞け

鎌田　私は、これまで教師として学校の現場にもいて、さまざまな学会にも所属していたのですが、この三月で非常勤講師も含めて完全に身をひきます。学会からも離脱していきます。ただ、京都三山を守る会「京都伝統文化の森推進協議会★8」の会長だけは地元の当事者としていのちある限り、関わろうと思っています。

★8　京都市街地周辺林の森林環境の保全・整備、森林環境教育の推進、木の文化再生と文化的価値の発信、森林資源の有効利用等、自然力・文化力・人間力の再創造により京都に根ざした文化の振興拠点となる京都伝統文化の森づくりを行うため、自主的な活動により、近畿中国森林管理局京都大阪森林管理事務所管内に所在する国有林のうち「東山風景林」及び「嵐山風景林」、周辺民有林の整備・管理及び活用を適切かつ円滑に推進することを目的に、二〇〇七年十二月に設立。

なにしろ、私は、比叡山に九百三回（二〇二四年二月十三日現在）登っていますが、毎回登り下りしながら京都の山をどう守るか考えていますから、『ニングル』で言われていることが切実に分かるんです。人間の傲慢さとかいろいろなものが、こうした自然災害が多発するような状況をつくっている。だから、ニングルと共に生きる、あるいはシシ神や森のコダマちゃんたちと共に生きられる在り方、全部が循環している中のワンオブゼムにすぎない人間たちは、どうほかの生きとし生けるものと共に生きていくことができるのか。まさに『ニングル』の最後の歌のメッセージですね。生きとし生けるものの命の声、魂の声、声なき声……。

江原　それらの声を聞けと。

鎌田　比叡山を登り下りしているときにもこの声が鳴り響いている。中島君の植物園の木を伐るなというのも、まさにニングルの声と同じですね。

江原　カムイのアリアは二箇所あります。一つは「大地はひび割れ、悲しみの黒い雲が空を覆う、嘆きながら燃え上がる炎が森を焼き尽くす前に」という、まさに地震、東日本大震災もそうだし今年（二〇二四年）の能登半島地震もそうです。

私がいつも思い描いて歌っているのは、もう一つは「空を切り裂いて、滝のように、噴き出した濁流が寡黙な山をえぐり取り、木々が息絶えてしまうまえに」という自然から人類への警告として濁流が滝のように噴き出している光景、要するに、伊豆山ですよ。私はいつも伊豆山を思ってあのアリアを歌っているんです。

鎌田　伊豆山は、日本列島の中でも富士山から伊豆諸島にかけてある最大の火山地帯の中核にあるんですよね。

江原　そうです。でも、二〇二一年の伊豆山神社の土砂災害による崩落だって、結局は足元を見ずに前ばかり見ている結果として起きた人災なわけじゃないですか。

　私たちはどうしてそんなに前ばかり見ているのかすごく不思議なんです。いま現在も巨大なソーラー、メガソーラーだとか、原子力発電、利便性や利得を優先するばかりで自然からのギフトに対して感謝もない。そこにはいろいろな問題がいっぱいありますでしょう。人って前ばかり見ないと生きていけないんだろうかと、本当に心配になります。どうして足元を見ることができないのか。私からしてみたら、アカデミックなことを言っている人たちも、どうもそうした足元を見る思考がちゃんとできていないんじゃないかと思っちゃうんですよね。

鎌田　全体の思考ができないで、部分的《パーシャル》な思考ばかり。

江原　そのとおりですよね。たとえば、私はホスピスやホリスティックの専門家の方々から「変にスピリチュアルなんて言葉を使われると困る」みたいなことをさんざん言われてきました。でもね、私はその人たちを恨んではいないんです。なぜかと言うと、彼らは彼ら自身の権威だとか自己承認欲求を守りたいから、要するにエゴイズムですよね、それを守りたいがために言っているだけなんですね。スピリチュアルケアとか緩和ケアに携わっている医者の人たちは、同じ医者である外科医から下に見られている。治さない医者は医者じゃないからって。結局、そういう負の連鎖が続いているんですね。でも、正直言って、私はそういうことに対して怒るのではなく、気の毒だな、哀れだなとしか思えないんです。それを乗り越えて、もっと大きな広い視点に立たないといけないと思います。

それで私、最近鎌田先生の「京都面白大学★9」の講義をYouTubeで拝見しているんですけど、シュタイナー★10の話が結構出てきますよね。

鎌田　高橋巖《いわお》★11先生とかね。

江原　はい。高橋巖先生の本もずいぶん読ませていただきましたし、他のシュタイナー研究の方とも親しくさせてもらったりもしました。そのときにふっと思ったのは、いま私たちが囚《とら》われている物質的価値観・思考というのは、シュタイナーが言う〝アーリマン★12〟

なんですよね。シュタイナーは「人類の代表者」と呼ばれる木彫りの彫刻★13を制作しましたが、そこではアーリマンとルシファー★14のあいだに人間（＝キリスト）を置いてバランスをとっているんですね。

鎌田　知の悪魔（ルシファー）と、身体や肉体の悪魔というか、物質的な悪魔（アーリマン）ですね。

江原　そうです。いまの世の中を考えたときに、まさにあの彫刻が頭に浮かぶんです。あそこでシュタイナーが示したバランスが成り立っていない、と。世に言われるスピリチュアルの世界にしても、多くの人がイメージするのは、お花畑いっぱいの世界で、こうすれ

★9　《きっかけは、正月元旦に発生した能登半島地震です。能登半島は日本列島の脳髄、後頭部だと思っています。日本の「奥の奥」「芯の芯」、そこから真の「むすひ」と「修理固成」が実現しなければ、日本列島の再生も賦活も不可能なのではないかとさえ思えます。しかし、今の現況は前途多難ですね。とはいえ、ひとりひとりができうる「むすひ」と「修理固成」を成就するほかありません。そこで、まずは自分一人でできる個人立・独立「大学」（Independent University）を始めました。「京都面白大学」は、くらげなすただよえる島（『古事記』が表記した古代の日本列島のこと）の、いわば、〈クラゲ大学〉です。つかまえどころがありません。軟体動物で、自由自在に変形し、組み合わさります。これまでにない、まったく自由な大学です。》（鎌田東二オフィシャルサイトより）二〇二四年一月二日の第一講から毎日開講している。

ば幸せになる、龍を見たら御利益がありますとか、どう見ても地に足が着いていない。そういうのはルシファーだと私は思うんですよ。

やはりアーリマンとルシファーのあいだでしっかりとバランスをとらなくてはいけない。シュタイナーの言っていることがすごく強く伝わってきたんです。

鎌田　私はいま、シュタイナーの『いかにして超感覚的世界の認識を獲得するか』（高橋巖訳『シュタイナー著作集　第二巻』イザラ書房、一九七九／ちくま学芸文庫、二〇〇一）を真剣に読んでいるんです。これを読むのは三度目です。最初は、一九八〇年からの約二年間、高橋巖先生から学んだときに読んだ。次に一九九〇年から九一年にかけて二回目を読んで、途中で中断してしまった。そして京都面白大学を始めた今年の一月二日からが三度目です。

この本には、霊的な世界に入っていくための準備と、そこへ入ってから何に出会っていくかがイニシエーション（儀式）のプロセスみたいなかたちで明確に描かれていて非常に参考になる、いわば「魂のガイドブック」です。その中で、境域の守護霊と出会う過程で物質的なものを動かしていく霊的モンスターが出てくる。それを代表するのが、いま言ったアーリマンとルシファーですね。現代風に言うと、フィジカルとスピリチュアル。その両方に欲望や野心や自我肥大の落とし穴やリスクがある。

つまり、霊界へ参入するときには、他者に対する尊厳、畏敬の念、そして自分自身が自由であること、そういうことがいかに重要であるかがバランスよく描かれている。そういう学び・準備なしに霊界へ入ってしまうと、歪み、偏差、あるいは暴力、差別、排除といったものがもたらされてしまう。いま私は、霊的暴力についての本を書いているのですが、現実の暴力は確かめられるけど、霊的暴力や精神的暴力は確かめられるようで確かめられないし、法では裁けない。そうしたことも踏まえて、何がどういうふうに負の連鎖をもたらし、我々はどういう間違いを起こしやすいのかをきちっと認識しなければならない。そのためには、神主的な何かを感じる部分を大事にすることと、それに参加するための幾層ものチェックポイントみたいなものをきちんと持っていないと危ないんですよね。

★10　Rudolf Steiner　一八六一～一九二五。オーストリア（現・クロアチア）のクラリェヴェックに生まれ、ウィーン工科大学で自然科学と数学を学ぶ。一九〇二年、ベルリンに神智学協会のドイツ支部を設立、その事務総長に就任するが、一九一二年に同協会から除名され、新たにアントロポゾフィー（人智学）協会を設立。科学と神秘性を統合すべくオイリュトミー（運動芸術）、建築、教育、バイオダイナミック農法、アントロポゾフィー医学といった独自な研究で大きな影響を与えた。ことにシュタイナー教育は、日本も含む世界的な広がりを見せ、実践されている。

江原さんがなぜ芸術というものを一つの軸にしているのか、なぜ私が神道ソングを軸にしているのか、ここに意味があるんですね。つまり、宗教的言説とか教団とか学会とかの枠組みよりも大事なのは、その人の魂の叫びのような求めなんです。魂の求めや叫びに忠実でなくてはいけない。それはその人の使命であり、生きてきた意味であり、生きがいであったりするわけで、それを奪ってはいけないんです。

そうした魂の叫びが一番端的に現れるのが芸術的表現です。私は詩を書いてきたからよく分かります。それをやめるということは死ねということだから、それはやめられないわけですよ。江原さんがある段階からオペラ歌手として声楽を本格的にやりはじめ、今回のニングルの長（カムイ）の役で重要なメッセージを伝える役割を果たして、三日間の公演

が終わった。これを上演するにあたっては江原さん自身相当な尽力をされたと聞いていま す。江原啓之という、一時期神主でもありスピリチュアルカウンセラーとしてやってきた人が、こうしたことを命がけでやっている。この真っ当さを知ってほしい。

そういう真っ当な道筋を歩んできた江原さんが、いま日本の未来が視えないというところまで来ている。この切迫感、切実感は私と通じ合うところであるし、共有できることなんですね。

江原　三十七年ぶりにお目にかかって、こういう共感ができるということ自体が何かすごくいい巡り合わせを感じますね。

★11　たかはしいわお　一九二八〜二〇二四。美学者。日本人智学協会代表、元慶應義塾大学教授。日本のシュタイナー研究の第一人者。著書に『神秘学序説』（イザラ書房、一九七五）、『ヨーロッパの闇と光』（イザラ書房、一九七七）、『シュタイナー教育入門』（角川選書、一九八四／亜紀書房、二〇二二）、『シュタイナー哲学入門』（角川選書、一九九一／岩波現代文庫、二〇一五）、『千年紀末の神秘学』（角川書店、一九九四）など。

★12　《古代ペルシア宗教において、善なる光の神アフラ・マズダに対抗する闇の力。……ヨーロッパ文化は長年ルシファーに支配されていたが、いまや才能試験など、アーリマン的になっている。機械・技術にアーリマンの作用が見られ、アーリマンは歴史・自然科学を歪める。》（西川隆範編訳『シュタイナー用語辞典　新装版』風濤社、二〇〇八）

鎌田　私もがんになっていなかったら、こういうふうに裸になっていませんからね。いよいよ自分が素っ裸になって、子どものようになって江原さんと対面できるような状態になったんですよ。

◆いまある「当たり前」を問い直す

鎌田　どういう経緯で『ニングル』をオペラ化することになったのですか。

江原　そもそも『ニングル』はお芝居でも観ていたので、オペラ化するにはとてもいいと思っていたんですけど、何よりこの中に込められているメッセージが、いまとても大切だと思ったんです。中でも大切なのは、先ほども言いましたが、人というのはなんで前ばかり見るんだろうか、なぜ後ろに戻ることができないのか。私たちが前ばかり見ているということの意味を根底から見つめ直さなければいけないときに、いま来ていると思うんですよ。

いまあるものすべてが当たり前なことだと思わずに、一から問い直してみる。たとえば、学校というのは本当に行かなきゃいけないものなんだろうか、とか。

鎌田　全然そう思わない。
江原　だけど、学校へ行くことが当たり前だという考えがあるために、多くの犠牲者が出ているわけですよね。教育ってなんだろうか、学ぶってどういうことなんだろうかということの根本に立ち返る時代に来ていると思います。
鎌田　多くの人は、中学を卒業するとそのまま高校に入りますけど、私はいまでも高校に行かなければよかったと思っていますし、義務教育ですら本当に行く必要があるのかと疑っています。自分にとって本当に合わないものに合わせる必要がどこにあるのか、と。
私自身、五十年近く学校の教員をやってきましたが、学校教育が持っている問題点というのはもう山積みで、問題があるにもかかわらず、無理矢理鋳型に入れて適合させようとい

★13《シュタイナーは、人間を幻想に誘惑するルシファーと、人間を物質のみに向かわせようとするアーリマンの働きを重視し、その双方の均衡を取るのが人間の進むべき道とした。彼はルシファーとアーリマンの姿を彫塑や絵画で表現しており、群像彫刻〈人類の代表〉はルシファーとアーリマンの間に毅然と立つ者を表わしている。》（前掲『シュタイナー用語辞典』）
★14《心魂の下部に存在し、内側から人間に作用する存在……太陽神霊と人間の中間に半神であり、月進化期に進化を完成しなかった天使。……地球進化期の終わりにキリストによって解放されなかったものはルシファーに属し、「ルシファー的」とは「単に霊的」であることを意味する。》（同前）

うのは根本から間違っている。その人の生き方を支援する自由と尊厳、それから互いにうまくやっていくためのある種の倫理みたいなものは絶対必要だと思います。そういう中で、自分に合った学びのプログラムを選択する自由さがあっていいと思うんですよね。

学校に行かなくてもいろいろな学びができるし、自由な学びのネットワークみたいなものを再構築できる選択肢が多ければいい。その中でも、先ほど名前の出てきたシュタイナー教育にはずっと関心を持ち続けています。シュタイナー教育というのは、人智学をベースにして、それをより人間的な尺度で再構築しているわけですが、シュタイナー教育で重要なのは、七歳まで、十四歳まで、二十一歳までという具合に発達段階を三段階にはっきり分けて、その時期に合わせた教育プログラムを位置づけているところです。そこからすると、早期教育は駄目なんです。私も絶対反対です。だから早くから文字を無理やり学ばせるとか、英語を学ばせるとかするのではなくて、七歳までは生きるということに対する面白さとか楽しさ、あるいは人と交わる喜びといった、人間にとって一番根幹になる意志というものを形成することを支援する。次の七歳から十四歳までの七年間は音楽であるとか、体を使ってのパフォーマンスであるとか、そういうものを中心に豊かな感情を醸成していくことに焦点を当てる。十四歳からその先で、ようやく知性の育成になる――

こうした段階説をシュタイナーは唱えている。

「知・情・意」と言われるように、近代は知を一番上に置いて意志をスポイルしてしまっている。文科省は「生きる力」なんてことを言いながら、その実、生きる力を奪っているんですよね。だから、まずは本当に生きるということにターゲットを置いて、次にその生きる力をみんなで共有できるようにするには、やはり感情が豊かでなければいけない。知性というのはその上澄みで、うまくそれを整理したり、コミュニケーションをとったりするための方便みたいなものです。この順序を間違えてはいけないというのが、シュタイナー教育の一番の鉄則だと私は思っています。つまり、「知・情・意」の順番の逆の「意（意志）・情（感情）・知（知性）」の順番で人間形成が調和的に行われなければならないという考えです。

私自身、その教育理論で子育てをしたつもりです。教員としては、まず塾で小学生や中学生を教えて、その後横須賀の中学校での教育実習を経て高校の国語の教員になった。その後は、専門学校、大学、大学院で教えて、社会人も教えてという、ほぼ幼稚園児から八十近い人までいろんな人を教えてきました。この前計算したら、私の教員生活の中で十五万人から二十万人ぐらいの人を教えているんですが、いま言ったような教育観で基本的にはやってきました。

そして、これから先も教育の根幹にあるものは、やっぱり一人一人の持っているモチベーションみたいなもの、仏教的に言うと「発心《ほっしん》」ですね、発菩提心《ほつぼだいしん》。儒教的に言うと志みたいなものとか、その人が本当に道を求めていく、生き方につながっていくような支援の在り方を、教育プログラムとしてやっていくべきだ、と。教師というのは、そのための引き出し役とか支援者であって、何かを叩き込むような教育は間違っていると思っています。

江原　まさにそうですよね。そして、私自身が先生の教え子ですから。私が國學院の別科で先生の授業を受けたのは一九八六年です。でも、三十八年前の先生は結構とんがってましたよね。

鎌田　とんがってた？　どんなふうに？

江原　月に鳥居を建てる会に入りなさいとか。奇天烈《きてれつ》でしたね（笑）。

鎌田　とんがっていたというより飛んでいた、浮いていたよね。

江原　みんな怖くて近寄れなかった（笑）。

神道との出会い

鎌田　実はその一年前の一九八五年の六月頃、國學院大學の部課長以上、神社本庁の部課長以上に「鎌田東二は共産党の第五列（スパイ）である」という怪文書が送られたんです。要は、鎌田東二の思想は、國學院が伝統として守ってきた正当的な神道や国学とはまるっきり違う異端思想である。そういう人間を講師にするというのはとんでもない、天誅《てんちゅう》を下して國學院から追放せよ、というわけです。

私は一九八三年の十月から、國學院大學の別科で倫理学、文学部哲学科で倫理学と日本倫理思想史の三科目を非常勤講師として教えていたんです。だから、もしそのとき追放されていたら、江原さんと会うことはなかった。でも、結局は追放されずに、その後三十年間も非常勤を続けた。すごいと思わない？

江原　すごい。そんな経緯があったんですね。

私が入った別科というのは、基本的に神職を目指す人が入るところなんですが、でも、神職には誰でもなれるわけではないんですよね。

鎌田　正規な社家《しゃけ》（代々特定神社の奉祀を世襲してきた家）からの推薦と、履修した後の奉職先の確約書みたいなものが必要なんですね。

江原　学生には、社家の家柄の人とそうでない人がいて、私も社家の家ではありません。こう言っては失礼ですけど、立派な社家のお子さんよりも、そうじゃない人のほうが勉強する意識は高いんですよね。

鎌田　大体において、社家の子は勉強や神職になることへのモチベーションが低いですね。坊さんの子もモチベーションが低い。というのも、ほんとうは他にやりたいことがあるんですよ、多くの子どもたちは。だから我々教師の任務は、社家や坊さんの子たちのモチベーションをいかに上げていくかということで、学術的なことよりもそちらのほうが先なんです。だけど、社家でない子、寺家《じけ》じゃない子のほうはモチベーションが高く、そこで学んだことを実践に生かしたいと思っている。そういう切実な思いを持って入ってくる子のほうが熱心で、成績もいい。

江原　社家の子ではない私が神職に就けたのも、これもまた導きだと思うんです。私が奉職した下北沢にある北澤八幡神社★15は、先代の宮司が実は心霊研究をやっていたんです。戦後、萩原真《まこと》★16という物理霊媒が千鳥会という心霊研究会をつくり、その発起人の一人が北澤八幡の宮司だったんです。その宮司さんは神社庁の中でもちょっと変わり種とされていた人でしたけど、神社庁のほうでも、神様に奉仕するならば、その神様たるものが何なのかを研究するという大義があるから彼の活動を認めざるを得なかったのだと聞いています。

私が奉職したときの宮司は矢島千裕《ちひろ》さんでしたが、矢島さんは私に会うなり、即気に入ってくださった。私はスピリチュアリズム的なことも勉強していますが、その上で神道を勉強したいのだと素直に言ったら、うちに来なさいとおっしゃって可愛がっていただきました。そういう経緯があって、神社に奉職しながら國學院の別科へ行ったんです。

鎌田　江原さんが別科を出たのは一九八七年の三月末ですか。

江原　そうですね。

★15　文明年間（一四六九〜八四年）に世田谷北辺の守護神として、世田谷城主の吉良家の勧請により創建。祭神は、応神天皇、比売神、神功皇后、仁徳天皇。

★16　はぎわら まこと　一九一〇〜八一。宗教家。一九四五年、中国にて現地召集。終戦と同時に抑留され、翌年帰国。一九四八年、心霊研究グループ有志により「千鳥会」結成。交霊会にて教えの根幹が次々示される。翌年、初代教え主に就任し、「千鳥会」は宗教法人に（のちに「真の道」と改称）。（「真の道」ＨＰより）

鎌田　同じ年の三月二十日頃、私は國學院大學の神職資格の正階《せいかい》★17を取りました。三月二十四日ぐらいに修了式があって、私は生まれて初めて答辞を読んだんです。

江原　先生なら、その上の明階を取れるのになんで正階なんですか。

鎌田　私も社家の生まれではないし、神職になるつもりはまったくなかったんですよ。何代か前は真言宗のお寺の住職で、実際、従兄弟《いとこ》は真言宗のお寺の住職をしている。真言宗そのものは神仏習合的ですけど、仏教のほうにより親しいものがあったんですね。でも私は、十一歳のときに『古事記』を読んで救われる経験をして、十七歳で古事記にゆかりのある宮崎県の青島神社★18に行き、そこで神話と聖地とが結びついた。それ以降、聖地巡礼などを意識的にするようになって、各地の神社・仏閣を回ったんです。國學院大學の哲学科を卒業して、神道学の大学院に入りましたが、それは神話などを通じて言霊《ことだま》の研究をしたかったからなんです。

私にとって一番の問いは、「言葉はどこからやってくるのか」ということでした。感覚としては、自分の中から生まれてきているのではない、どこかから飛来してくるものだ、と。では、そこはどこかというと、ある種の異次元、神と言ってもいいし、宇宙と言ってもいい、そういうところから飛んでくる響きみたいなものをキャッチして、それが詩の言葉になったりする。そういう言葉が生まれてくる原点を、世界の神話であるとかさまざまなところから検証し直す。それが一貫して大きな課題だったわけです。

同じ神道でも二つあって、いわば表の神道というのは、伊勢神宮を本筋とする天皇を崇拝するものです。しかし私が惹かれたのは、陰の神道というか、幽世《かくりよ》の神道、出雲系の神道です。近代に出てきた大本《おおもと》★19は出雲系の神々、スサノオ系の神々がもう一回この世に現れて世直しをしていくというものです。そちらのほうに共感した私は、一九七五年の三月に出雲大社を参拝し、その後、京都府綾部の大本みろく殿を参拝して、誓いを立てたんです。それから五十年。自分にとっては大きな節目になるんですね。

神職の資格は取りましたが、神職になるつもりはない。ただ研究したかっただけだった

★17　神職の資格には、神社本庁が認定する次の五段階の階位がある。浄階：永年奉仕し、功績のあった神職に授与される名誉階位。明階：別表神社（旧官幣社、旧国幣社、規模の大きい神社など、神社本庁の「役職員進退に関する規程」の別表に掲げられた神社）の宮司・権宮司になるのに必要な階位。正階：別表神社の禰宜《ねぎ》・宮司代務者になるのに必要な階位。権正階：別表神社の権禰宜または一般神社の宮司になるのに必要な階位。直階：一般神社の禰宜・権禰宜になるのに必要な階位。

★18　宮崎市青島の中央にある周囲一・五キロメートルの青島全島が境内の神社。「海幸彦・山幸彦」の神話で知られる彦火火出見命《ひこほほでみのみこと》を祭神とし、縁結びの社として多くの参拝者が訪れている。

んですよ。とにかく天皇教を中心にした神道ではない、もっと古くからある国つ神の神道の流れをちゃんと検証したい、その一念でやってきたわけですよ。

　そうした私自身にとって重要なのは、小さいときに「オニ」を見たという経験です。これは江原さんとの接点でもあるし、霊媒的・霊視的な問題になるのですが、この「オニ」というのは一体何かという問いがまずある。周りの人にオニが見えると言っても、誰も信用してくれない。でも、見えるものは見える、あるものはあるとしか思えない。自分がうそをついているのか、自分が見ているものは単なる幻想なのか、周りの人が見ている世界が本当の世界なのかという疑いを子どもの頃からずっと持ってきた。そして、十一歳のときに『古事記』を読んで、自分が見ている世界がその中で神話として証明されているし、自分を肯定してくれるような内容だったので安心した。神話によって救われたんです。

　その神話の世界が神社に結びついていることを十七歳のときに初めて知って、「へえ、こんなふうに日本では神話や伝承と歴史と場所がひとつながりになって出来上がっているんだな」と思った。そして、大学院に進んだ頃には、江原さんもご存じの天河大辨財天社《てんかわだいべんざいてんしゃ》の柿坂神酒之祐《みきのすけ》★[20]宮司とか鶴岡八幡宮の白井（永二）★[21]宮司とか、小野祖教《もとのり》★[22]先生、戸田義雄★[23]先生といった人たちが私のことを面白い奴だと思ってくれて、うまく導いてくれたんです。

江原　その時代には、割と自由な宮司さんたちが結構いらっしゃいましたよね。平岩弓枝さんのお父さんで代々木八幡神社の宮司だった平岩（満雄）★24宮司もそういう方で、私などもとてもよくしてもらいました。

鎌田　花園神社の片山（文彦）★25宮司も。神社本庁の世界だけではない宮司が何人かいましたね。

江原　ええ。そういう時代でしたね。

★19　出口なお（一八三七～一九一八）が開教した宗教法人。なおは五十五歳のとき神がかり状態となり、「お筆先」と呼ばれる神の言葉を書きつけるようになり、大本開教の基礎を築く。大本は一九二一年に出口王仁三郎らが不敬罪などで逮捕（第一次大本事件）、三十五年に再び王仁三郎らは投獄（第二次大本事件）と厳しい弾圧を受けたが、戦後無罪判決により「愛善苑」として再発足。その後「大本」の名を復活。

★20　かきさか　みきのすけ　一九三七年生まれ。奈良県吉野郡天川村に、七人兄弟の末っ子として誕生。若い頃には南米アマゾンにて暮らしたり、世界中を旅して、現地の人々の祈りの儀式などを実際に体験で学ぶ。その後、さまざまな仕事を経験しながら、父が宮司を務めていた天河神社で、掃除人として日々掃除に明け暮れる。一九六六年、天河神社第六十五代宮司に就任。二〇二二年三月退任し名誉宮司に就任（大峯本宮天河大辨財天社HPより）。鎌田東二との共著に『天河大辨財天社の宇宙――神道の未来へ』（春秋社、二〇一八）がある。

鎌田　でも、本庁の中の重要な教学の役割を果たした一人が小野祖教さんだし、小野さんは、自ら神道神学を立ち上げて、戦後の神社本庁を支えてきた。戸田義雄先生も、宗教学という立場ではあるけれども、神道の宗教学的な側面を支えてきた一人ですね。

そういう流れの中で、前にも言ったように、私は一九八三年から非常勤として國學院の別科の学生を見るようになるんです。

江原　ええ。モチベーションの低い学生をね（笑）。

鎌田　いや、両方いるわけですよ。当時は神道学科の学生を直接教えてはいなかった。後に彼らも私の授業に出るようになりましたが、神道学科の教授には同学科の卒業生が多いから、当初は、異端でスキャンダラスにまみれた鎌田東二の授業をあえて聴く者はほぼいないわけですよ。

ところが、一九八四年四月四日、四のぞろ目の日に、私は奈良の天河大辨財天社に行ったんです。その道中の出来事がきっかけで神職の資格を取ることになる。そもそもなぜ天河に行ったかというと、当時、この前の心霊科学協会で話した★26太田千寿《せんじゅ》★27さんの霊験について本気で考えていたからです。

江原　はい、はい。まほろばの霊界通信の人ですね。

鎌田　太田千寿さんは、「霊界」から三島由紀夫が送ってきたという通信を自動書記で書き、そこには日本を「真のまほろば」にせよというメッセージが記されていたんですね。そのメッセージが天河大辨財天社の柿坂神酒之祐宮司の手に渡り、「審神者《さにわ》★28」がなされるという。私はそういう霊媒現象があるとは思っているけれども、それを確証しなくてはいけない。しかし一体どういうふうに審神者できるのか。そういうことを当時、大学院で一緒だった梅原伸太郎★29さんと毎日議論していたんです。梅原さんは慶應義塾大学の大学院で科学哲学をやった上で國學院に来たのですが、とても理性的な人で何事も理詰めで考える。一方の私は、もともと詩を書いていたし、神主的な立場でものを考える。梅原さんは常識と理性があれば審神者できると言う。しかし私は、常識を超えるのが神がかりの世界なんだから、常識を持って本当に審神者できるのか、と。いつもそこで議論が行き

★21　しらい えいじ　一九一五〜二〇〇八。神社本庁元総長、鶴岡八幡宮名誉宮司。國學院大學で折口信夫に師事し、神道や菅江真澄の研究にも力を注いだ。
★22　おのもとのり　一九〇四〜?。神道学者。一九三〇年、國學院大學卒。以後、大倉精神文化研究所所員、国民精神文化研究所嘱託、神社本庁教学部長・同常任講師、國學院大學教授等を歴任。著書に『教養神社神道概論』(神社本庁、一九五一)、『神道をめぐる憲法問題』(國學院大學神道第四小野教授研究室、一九六八)など。

止まりになるんです。

で、その梅原さんから太田千寿さんの霊界からの通信を天河の宮司さんが審神者したという話を聞いたので、これは確かめなくてはいけないと、天河に行った。それが同じ年の四月四日。

ともかく、天河へ行くのは初めてだし、神社の予備知識もまったくなしに行ったわけです。近鉄吉野線の下市口《しもいちぐち》からバスで行くのですが、バスが一日に二本ぐらいしかない。いまのようにネット検索なんかない時代ですから、えらい時間停留所で待っていて、ようやくバスに乗った。そのまま行けばいいのですが、実は天河に行く道筋に丹生川上《にうかわかみ》神社下社という古社があるんです。

同じ年の一月一日に、二十代の私が精魂傾けて書いた初めての本、『水神傳說《でんせつ》』(水神《みなかみ》祥《あきら》名義で刊行。泰流社、一九八四年)を出したんです。SFのような、詩集のような、神学書のような、なんともへんてこなもので、言霊のエキスをSF神話史みたいなかたちでつくり上げたものです。その月の内にその本を水神を祀《まつ》る京都の貴船神社に奉納に行ったのですが、丹生川上神社下社は貴船神社と同じ水神を祀っている。ならば途中下車してお参りしようと思ったのだけど、初めて行くところだからどこで降りたらいいか分からない。

それで、たまたま一番前に座っていた小柄な女性に、「丹生川上神社下社に行きたいんですが、どこで降りたらいいでしょうか」と訊いたら、「私も降りますから、一緒に来てください」と。実は、その人は丹生川上神社下社の宮司さんの奥さんだったんです。

江原　あらま。へえー。

鎌田　しかし宮司さんが最近亡くなって、その方が後を継がなければいけない。神職の資格は持っているようでしたけれど、宮司資格を取るためには正階以上でなければいけないんですね。たしか持っているのは直階か何かだった……そんな話をいろいろと聞いているうちに、なんとかこの神社を支援しなくてはいけないという気持ちになった。それで私は、自分が神職の資格を取ってお祭りに奉仕しようと決めたんです。そのときは、非常勤で國

★23　とだよしお　一九一八〜二〇〇六。宗教学者、國學院大學名誉教授。著書に『宗教と言語』『宗教の世界』（共に大明堂、一九七五）、『日本の感性』（PHP文庫、一九九四）、共編著に『民族と文化の発見』（大明堂、一九七八）ほか。《私は戸田義雄先生の國學院大學における最後の弟子になる。戸田先生に修士論文を提出し指導を受けた最後の学年の最後の学生になるからである。》（鎌田東二「戸田先生の宗教学」より）

★24　ひらいわ みつお　一九〇七〜九三。元旗本の矢島家に生まれ、渋谷・千駄谷八幡神社の神職だった父が亡くなり、代々木八幡神社の宮司・平岩家へ養子に出される。一九三〇年、箱根神社の巫女だった武子と結婚、一九三二年に長女、弓枝誕生。

學院に勤めていたし、小平《こだいら》の錦城《きんじょう》高校の国語の教員もしていたし、結婚もしていましたから、神職になるつもりはまったくなかったのですが、御奉仕のためには資格を取らなくてはいけない。それで、江原さんが卒業したのと同じ八七年の三月の末に正階の資格を取ったわけです。

江原　資格を取った人なら分かるでしょうけれど、毎日宿題が山のように出て、すごく大変ですよね。私は國學院へ行く前に神社の講習会で直階を取っているんですけど、そのときだって体を壊すくらい大変でしたからね。

鎌田　私は二月の十五日ぐらいから四十日間、毎日、朝から晩まで白衣（装束《しょうぞく》）を着て勉強したんですけれど、そのときに魔の体験★30――これについては他のところでも語っていますので省略します――をして、一睡もできない状態が四十日間続いていたんです。その四十日間は、もう自分が死ぬか、誰かを殺してしまうかみたいなたいへんな状態だったのだけれど、それでも授業を聴かなきゃいけないし、祭式にも出なくてはいけない。まさに夢うつつの状態で毎日授業を受けていました。

　ただ、一日だけ休みがあって、山梨県の七面山《しちめんさん》に登ったんです。七面山は富士山の真西で、春分と秋分の日に富士山頂から太陽が昇ってくるというので、それを見に行き、ついでに滝にも打たれた。膝までかぶるような雪の中を汗だくで山頂まで登り、真正面の富士山から朝日が昇ってきて、その周囲に大きな円い虹がかかった。それを見たときに、何かがすーっと抜けた。ヌミノーゼ（聖なるもの）というか神の顕現みたいなもので、その瞬間、涙がばーっと出てきた。それからは、一日に数秒眠れるようになったんですよ。

江原　数秒⁉

鎌田　だからいまでも眠らなくても平気なんですよ、本当は。でも体がもたないからある程度睡眠は取るようにしていますけど。ただあのときは、とにかく短くても眠りたいという一心で、あの瞬間に、助かった、眠れると思った。その後は徐々に本当に数秒ずつ眠れ

★25　かたやま ふみひこ　一九三六〜二〇一六。花園神社名誉宮司。神道時事問題研究会を主宰し、ローマ法王に謁見、さらに演劇賞「花園賞」を考案するなど、多方面で活躍した。

★26　二〇二三年十月二十二日東京・下落合の公益財団法人日本心霊科学協会で《ほぼ十年ぶりで三浦清宏さん（一九三〇年〜、現在九十三歳）と再会し、三十七年ぶりで江原啓之さんと再会しました。》（鎌田東二オフィシャルサイトより）

★27　おおた せんじゅ　一九四六年生まれ。一九八〇年頃から、三島由紀夫霊をはじめとしてさまざまな霊より自動書記を受けるようになる。著者に『宇宙創世と命の起源——三島由紀夫の霊界通信』（日本文芸社、一九八六）などがある。

るようになって、なんとか社会復帰できたんです。

そして、その年の丹生川上神社の例大祭に神主の装束を着て御奉仕したんですが、それはその一回だけ。翌年からは新任の宮司さんが来たから必要なくなった。

ずいぶん一人で喋ってしまったけど、これが私の霊的な体験の主要なところです。

◆心に「魔」が棲みつくということ

江原　私は、國學院を出てから、そのまま北澤八幡神社に奉職したんです。

鎌田　何年いたんですか。

江原　二年ぐらいですかね。途中からカウンセリングもしていましたから。そもそも國學院のときもそうですけれども、北澤八幡神社で奉職してお世話になっていたときにも、意外と相談事が多かったんですよ。

鎌田　いい宮司がいるところには相談事が多い。宮司が聞いてくれなかったら相談できませんからね。

江原　北澤八幡では、誰か相談に来ると、宮司が「江原君、お願いね」って。そうやって何か相談を受けると、手当を五百円ぐらいもらえました。
朝は地鎮祭《じちんさい》を行ったり、いろいろな外祭もして、お宮に戻るとお掃除などもするんですけど、そのうちだんだんと「江原君――」というのが増えてきたんです。ただ、人から求められなければやらないほうがいいと思っていましたから、独立して何かやろうという気はまったくありませんでした。そもそも、神主になった動機が不純ですからね。私自身も十八歳になった頃、いろいろと心霊現象に悩まされて、滝行をやったり、さまざまな霊能者を訪ねたりして、最後に出会ったのが私の師匠の寺坂多枝子★31さんです。
鎌田　日本心霊科学協会の会員でもあった霊能者ですね。
江原　はい。師匠のお導きで、最初は真言宗醍醐《だいご》派★32のお寺に入ったんです。得度《とくど》まではしませんでしたけど。
鎌田　醍醐派だと、結構修行が厳しい。
江原　そうですね。醍醐派は修験道《しゅげんどう》★33の一派ですから、鎌田先生じゃないけど、実は私

★28　神主に憑霊した神の神格などを問いただし、神託の真偽を判断・解釈して伝える人。また、その行為のこと。

もほら貝を吹けるんですよ。最初、ゴムホースを短く切ったもので練習するんですよね。その他、千座行、火渡り、護摩《ごま》行とか一通りやりました。

鎌田　それ、いつ頃のことですか。

江原　國學院へ行く前です。

鎌田　和光の学生の頃？

江原　そうです。ただ、その頃にはもう学校へも行けなくなって、それで師匠に会いに行ったわけです。

鎌田　じゃあ二十歳《はたち》ぐらいのときですね。

江原　成人の日を迎えたのがお寺でしたから。で、そのお寺の先代の住職がすごい霊能力があったがために、現住職も、私の悩みをよく受け止めてくれたんです。

鎌田　経験的に、霊的世界のことが本当に分かっていたわけですね。

江原　そうなんです。自分のことを分かってもらえるということもあって、いろいろな行を重ねていったんですけれど、どういうわけか、火渡りとか護摩行をするととてつもなく具合が悪くなるんです。それで耐えられなくて、また寺坂先生に相談したんです。

何が駄目だったかというと、火渡りとか護摩行というのは、商売繁盛とかの人の欲望の念がこもっていて、それをはね返す力が私にはないものですから、どんどんどんどん具合が悪くなっていったわけです。そもそも自分はこういったものから解放されたくて行ったのに、もう嫌だって。

そしたら寺坂先生は、嫌だったらやめなさい、その代わり神職になりなさいと。あなたが女だったらその能力で生きていくことができるかもしれないけど、そうはいかないでしょう。そうなると、やはり宗教の世界に入っていくしかない、と。それで神職を目指したわけです。

先ほど言いましたように、神職の本業とは別に相談事を受けることがどんどん増えていって、仕方なく、お宮の向かい側にアパートを借りて、外祭とかが終わった後にカウンセリングをするという二重生活になったんです。

鎌田　で、國學院で神主の正階の資格も取り、理解ある宮司もいて、スピリチュアルカウ

★29　うめはら しんたろう　一九三九～二〇〇九。慶應義塾大学大学院博士課程（科学哲学専攻）、國學院大學大学院修士課程（神道学専攻）修了、南カリフォルニア大学大学院（SCI）にて博士号を取得、哲学博士。日本心霊科学協会『心霊研究』編集長、国際精神世界フォーラム事務局長、本山人間科学大学院講師などを務めた。

ンセリングをするという役割も持つ。精神的にはずいぶん楽になったのではないですか。

江原　そうなんですけれど、カウンセリングだけしていても仕方がないと行き詰まってしまった。やはりスピリチュアリズムを研究したいと思うようになって、ロンドンに行くことになったんです。以来、十年近くロンドンと日本を行ったり来たりしていた★34んですけど、その頃にオウム真理教による坂本弁護士事件――というか当時はまだオウムの名前は出ていませんでしたが――が起きたわけです。そのとき、心霊番組とかをよくやっていたテレビのプロデューサーから、ロンドンで犯罪捜査を専門にやっているサイコメトリーが得意なネラ・ジョーンズ★35というミーディアムに日本に来てもらえるよう、私に仲介してほしいと頼まれたんです。

ネラは迷宮入りになった事件を五十件以上解決しているんですよ。一番最初有名になったのは、フェルメールの「ギターを弾く女」という絵が盗まれたとき、彼女が「この墓に入っている」と言った場所を掘り出したところその絵の額縁が本当に出てきた。向こうでは非常に活躍していた人です。で、坂本一家事件の記事だとか写真とかをファックスしたんですけれど、なんとも高額のギャラを要求してきて、結局実現しなかった。後日、ロンドンへ行ったときに直接ネラに会って、その話をしたら、いや、あれは行きたくないからわざととんでもないギャラを要求したんだと。そして、絶対にこの件に関わるなって言われました。もし関わったら、あなたが殺される、だからやめなさいって。

で、日本に帰ってきたらうちの神社の宮司が「江原君、何かオウムに関わってる？」って言うんですよ。「いや、関わっていません。何でですか？」って訊いたら、警察から私とオウムの関係について問い合わせが来ているというんです。いや、実はちょっと頼まれてロンドンの霊能者の仲介をしたということだけを言ったんですけど、ネラが言うように、これは絶対関わっちゃいけないと思いましたね。

鎌田　実は、オウム真理教――というよりも麻原彰晃《あさはらしょうこう》――に対してどういうスタンスをとるかということで梅原伸太郎さんや、たま出版★36の瓜谷侑広《うりたにゆうこう》社長（当時）と激論になったことがあるんです。一九八五年に国際精神世界フォーラムというのができ、梅原伸

★30《神主の資格を取るために國學院大學で四十日間の講習を受けました。ある晩……クッと睡眠に入るときに、ばちーんと頭の中でものすごい音がして、光が頭の芯から飛び散った。それでバーンと跳ね起きた。／以来、自分は魔に取りつかれたのではないかという妄想で血がだんだん上の方へ上ってゆく。もう一睡もできない。夢なのか現実なのか、イメージなのかリアルなのか、境界が非常にあいまいな状態になって、精神錯乱のような状態に陥った。》（「魔物語り――七夕の夜に魔を語る」、『エッジの思想〈翁童論Ⅲ〉』新曜社、二〇〇〇）

太郎さんが事務局長で、私はそれを手伝ったんです。宗教団体に属している霊能者や行者ではなく、精神世界を自由に探求しているような人たちの広場、アゴラをつくろうということで、そのときに麻原彰晃を入れるかどうかが議論になった。当時、麻原彰晃は空中浮遊で売り出していたんですが、私は麻原はショーパフォーマンスみたいな方向なので、もっと真面目な人たちでやるべきだと反対したんですけど、入れるべきだという瓜谷社長と大喧嘩してやめてしまった。間に入った梅原さんはつらい立場だったと思いますが、そんなこんなでフォーラム自体はその後消滅してしまいました。

先ほどロンドンの話が出ましたが、私は九四年に初めてロンドンに行って、ロンドン大学で神道とケルトの発表をして、九五年には国際交流基金からダブリン大学へ派遣されて、ダブリンに住んでいたんです。地下鉄サリン事件が起きたのは一九九五年の三月ですが、同じ年の八月六日、広島に原爆が落ちた日に、細野晴臣さんに広島の原爆ドームの前で一緒にお祈りをしようと誘われました。しかし、私はダブリンにいて日本に帰れない。そこで、アラン諸島で一番小さいイニシア島に渡り、その島で細野さんたちのグループに合わせてお祈りした。で、島から民宿に帰ろうとしたときに、海岸線を歩いていたらそこに石が落ちていた。

江原　それがいまお持ちの石笛なんですか。

鎌田　そう。（石笛を吹く）それがこの石笛との出会いで、以来ずっとこの石笛が友達というか、私の分身でもあるんです。そういう流れの中で、アイルランド滞在中に『宗教と霊性』（角川選書、一九九五年）という本を出した。そこで魔の問題とか魔境の問題とか、麻原彰晃やオウム真理教信者のような自我のインフレーションに行く方向でない在り方は実際何であるのかといったことについて書きました。それでも、オウム真理教事件の勃発にまったく何のブレーキにもならなかったと、どんどん自己処罰感が強くなっていった。

　そうしたことが一挙に自分の中でボディーブローのように効いてきて、そして自分には

★31　てらさかたえこ　霊能者。日本心霊科学協会の元講師。《「ほんとにふつうのおばさんで、家もふつうで、私の名前を書かせて茶の間でじっと話を聞いてくれて。『あなたには何の問題もない、何も憑いてませんよ』と言われました。救われましたね。ただ、あなたの人格が低いから低いものとかかわる、人格を高めれば高いものとかかわるようになるとも言われた。／私が、『憑く霊が悪いんじゃない、憑かれる自分が悪い』とよく言うのも、もとは師匠の教えです。》（江原啓之『NEWSポストセブン』二〇二三年五月九日）

★32《京都市伏見区の醍醐寺を総本山とする真言宗のひとつ。弘法大師を宗祖と仰ぎ、理源大師・聖宝を開祖とする。……修験道の曩祖《のうそ》・神変大菩薩の霊異秘訣を相承し、永らく途絶えていた大峯山入峰修行を再開して修験道を再興し、山岳修行とともに諸仏教を納めて、修験道と密教法流を確立した。》（同派HPより）

何にもできないという無力感が募り、酒に溺れて、もうこれ以上酒を飲んだらちょっとおかしくなるみたいな状態になった。そこへ酒《さか》鬼《き》薔薇《ばら》聖斗《せいと》事件が起こった。うちの子どもと酒鬼薔薇聖斗は同じ学年なんです。あの事件を目にした途端、自己憐憫《れんびん》というか、自己処罰みたいな甘ったれたことを言ってるような場合じゃない、何かアクションしなければみたいな状態になった。それで事件が起きた神戸の友が丘中学まで一人で行って、タンク山を見て、周りの神社仏閣を全部見て、そしてその酒鬼薔薇事件というのがどういうところで起こって、どういうものか、自分なりにキャッチし吟味したんです。

　あの事件には阪神・淡路大震災、そしてオウム事件の影響もありますが、なにより、十四歳の少年の中に魔が棲《す》みついたんですね。これはなかなか理解されにくいと思いますが、ある種の霊的な次元までを含む、魔的なものが入り込んで、十四歳の少年が普通やることではない異常さを引き起こしていく。実際に、酒鬼薔薇聖斗は、「懲役13年★[37]」と題する手記に「魔物」について執拗に書いていて、「魔物（自分）と闘う者は、その過程で自分自身も魔物になることがないよう、気をつけねばならない。／深淵をのぞき込むとき、／その深淵もこちらを見つめているのである」とニーチェの言葉を引用しています。彼は、明確に「魔物」を意識していたのですよ。

江原　あれは、確かに魔界というか、そういったものが絡んでいますね。あの頃、私は佐藤愛子さんと割と親しくしていた時代で、いろいろな霊現象に共に関わっていたんです。そこへ酒鬼薔薇聖斗事件が起きた。たしか、当初犯人は中年のおじさんだという説が出ていたんですが、佐藤愛子さんに「江原さん、どう思う？」って言われて、「私はキツネ顔の若い青年が犯人だと思う」と。それを視たとき、とてつもない魔界的なエナジーを感じたのを覚えています。

その後写真週刊誌か何かに酒鬼薔薇聖斗の写真が出ましたでしょう。そうしたら佐藤愛子さんから連絡があって、「江原さん、こういうの出たんだよ。江原さん視たのそれだった？」「ああ、この人です」って言いました。そのことを佐藤愛子さんは文章にして書い

★33　役行者《えんのぎょうじゃ》（七〜八世紀、奈良を中心に活動した山岳修行者）を開祖とする、「修行して験力を顕す道」をめざす山岳宗教。

★34　《スピリチュアリズムの世界に強い興味を抱くようになり、ロンドンのスピリチュアルの学校に留学しました。学校では、霊能力を開発したり、理論や哲学をレクチャーしたり、内容はとてもアカデミックで研究が進んでいました。》（江原啓之、K-MIX「SOUND IN CROSSROAD」二〇〇九年九月十八日）留学後も、ロンドンの聖地へしばしば訪れている。

ていますが、たしかにあの事件には、鎌田先生がおっしゃったように、とてつもない怨念とかいろんなものが含まれていましたね。

鎌田　そうだと思うんですよね。こうした場合、精神鑑定をしたり少年刑務所で矯正するということになるわけだけれども、あの場合は、それだけではうまくいかない部分をも含み持っていた。彼はニーチェとかいろんな文章を引用して、魔物に覗かれていると言っているわけで、それは私や江原さんの文脈で言うと、大きい魔に魅入られているということなんですよね。

江原　そうです、そうです。

鎌田　そうした魔的な状況というのは、阪神・淡路大震災やオウム事件といった社会的な状況も含め、個人には収まりきらない何か巨大なものがあるわけですよね。

江原　そういう大きな視点がないと本当の解決はできないと思います。現状の法律などで社会的な制裁は与えられるかもしれないけれども、彼がなぜ自分の中に魔を形成したのかという分析はできないと思います。

鎌田　そう。心理学でも、精神分析でも、スピリチュアルケアでもできないんですよ。そうした霊的な現象を、どういう実態の現象なのかということをきちんと分析——審神者《さにわ》的なことも含めて——できないといけないのだけれど、それを確証できるような評価軸を形成するのがなかなか難しいんですよね。つまり、神と魔や悪魔について、真面目に、真剣に議論できるような社会状況ではなく、そうした話題がオカルトや妄想の次元に追いやられているという常識の枠組みが依然としてあるんですよ。

◆スピリチュアルをめぐる相剋

鎌田　江原さんの「危ない！」シリーズの一冊目、『子どもが危ない！』が出たのが二〇

★35　Nella Jones　ロマ出身の霊能者。《30年くらい前、イギリスにネラ・ジョーンズという、犯罪捜査をする能力者がいました。その人と初めて会ったとき、「あなたここで何やってんの」と言うのですね。「何のことですか」と言ったらば、「あなた歌手でしょう。歌いなさい」と言うのです。そのころはまだ学校も行っていないときでした。「私は歌わないし学校にも行っていないし」と言うと「いや、あなたは歌うから。歌うところが見える。歌いなさい。あなたはスピリチュアルなこともやるけれど、歌手ですよ」って言ったの。》（江原啓之、ニッポン放送「NEWS ONLINE」二〇一八年十月二十四日）
★36　瓜谷侑広が一九六九年に設立。精神世界・ニューエイジ関連の出版物を中心に、ノンフィクション分野の書籍を刊行している。

〇四年。その翌年に二冊目の『いのちが危ない！』。そこから結構間が空いて、二〇一九年に『あなたが危ない！』、そして二〇二三年に四冊目の『この世が危ない！』が出た。
江原　本当は『いのち〜』と『あなた〜』の間に『心が危ない！』というのを出したかったんですけれども、さっきも言いましたように『子ども〜』のときに結構叩かれたんです。教育学者でもないのに偉そうに子どものことを語るな、と。だから、『心が危ない！』と言うと、精神科医とかそういった人たちからの突っ込みが大きいだろうなと思って、ちょっと日和《ひよ》ったんです。
鎌田　いやあ、そんなのに構わず出してほしかったね。
江原　それとは別に、『子ども〜』と『いのち〜』を出した頃、私がスピリチュアルという言葉を使っていることに対して、学者さんはじめあちこちから抗議の手紙が来たんです。安易に「スピリチュアル」という言葉を使わないでほしいと。たとえば「スピリチュアルペイン」というのは医学用語だから、あなたが使うと医療の世界に対する侮辱になるからやめてほしいとか。「いや、そんなことはない。スピリチュアルペインというのは魂の問題なんだ」と反論したんですけど、聞き入れてもらえず、いろいろと言われた時代があったんです。まあ、あの頃はテレビに出たりして非常に目立っていたというのもあるんですけれども。

鎌田　当時は、江原さんと美輪（明宏）さんがスピリチュアルという言葉の最前線にいたから、アカデミズム的な立場の人たちは神経質になっていて、そこに一線を画したかったんだと思いますね。

江原　それでも、アカデミズムの中にも理解者はいたんです。日本死の臨床研究会★38とか日本統合医療学会★39とか、それから日本ホリスティック医学協会★40とか。二〇二二年にもホリスティック医学協会で講演しています。

鎌田　美輪さん、江原さんと対立する立場だった日本スピリチュアルケア学会★41が設立

★37　犯行後に書かれた長文の作文。『文藝春秋』一九九八年三月号に「供述調書」として全文が掲載された。

★38　一般社団法人日本死の臨床研究会。二〇二三年一月（前身の研究会は一九七七年十二月）設立。医療職、宗教職、社会・心理職、一般教育職、他の研究職、さらには一般市民まで、職種の垣根を越えてマインドの普遍性を共有し、死の臨床における援助の道を探求・研究し、学び、実践して、述べ伝えている。（同会ＨＰより）

★39　一般社団法人日本統合医療学会。二〇〇八年設立。統合医療（近代西洋医学、相補〔補完〕医療及び伝統医療の統合・連合）に係わる者の資質の向上、医療の進歩発展、教育並びに研究の促進を図り、もって国民医療の向上に資することを目的とする。（同会「定款」より）

されたのが二〇〇七年で、二〇〇四、五年から設立の準備をしていました。その中心をなす人物が聖路加国際病院の日野原重明★42さんと、後に上智大学のグリーフケア研究所の所長になる髙木慶子（参照、本書一二四頁）さん、そして、淀川キリスト教病院の柏木哲夫★43さんと関西学院大学と聖学院大学の教授でスピリチュアルケアの第一人者であった窪寺俊之★44さん。日本でスピリチュアルケアを学術的に医療現場の中心にしようということで設立されたわけですが、その主立った方々には、美輪さんや江原さんの提唱する「スピリチュアル」と一線を画したいという気持ちがあった。自分たちは学術的に、また医療の現場で実際応用できるような形でやりたい、ついては、メディアに突出している二人の世界とあえて切り分けたいという強い気持ちがあったわけですね。

私自身は高校時代から美輪さんを尊敬していましたから、そういう気持ちはまったくないのですが、一線を画したいという人たちの考えも理解はできる。しかし、そんな理屈や立場よりも、苦しんでいる人がよくなればいい、それが私の本音です。

江原　痛みを抱えている主役が無視されている。

◆自分のやりたいことを形にした「京都面白大学」

鎌田　私は、二〇一四年から上智大学グリーフケア研究所の非常勤講師になったこともあり、同研究所名誉理事長で、日本スピリチュアルケア学会理事長だった髙木慶子先生や他の理事の方々からの推薦を受け、先月（二〇二四年一月）まで、同学会の理事を務めました。二〇一七年には「スピリチュアルケア研究」という雑誌が創刊されて、その創刊号に「スピリチュアルケアと歌物語」という巻頭論文を書きました。どういう内容かというと、ジョン・レノンの「マザー」という歌と、『平家物語』の中の安徳天皇の入水《じゅすい》の悲劇、そ

★40　NPO法人日本ホリスティック医学協会。二〇〇二年五月（任意団体としては一九八七年九月）設立。ホリスティック医学の発展・普及および各種療法実施者の協力と学術的な研究の連携を図り、さらには本会と同一の目的を持つ海外諸団体と協力し、人類の健康増進に寄与することを目的とする（同会「定款」より）。なお、ホリスティック医学とは、「一、ホリスティック（全的）な健康観に立脚する。二、自然治癒力を癒しの原点におく。三、患者が自ら癒し、治療者は援助する。四、様々な治療法を選択・統合し、最も適切な治療を行う。五、病の深い意味に気づき自己実現をめざす」こと。（同会ＨＰより）

★41　一般財団法人日本スピリチュアルケア学会。詳しくは本書第三部参照。

の二つを中心にしたものです。当時、学会の事務局は上智大学にあって、私は京大を退官した後に上智大学で仕事をしており、上智のグリーフケア研究所大阪の副所長もやっていました。

そんな経緯もあって、上智には専任教員として六年間在職し、二〇二二年に退職してからは今年（二〇二四年）まで非常勤で教えていたのですが、それもこの三月で終わりました。これを機に、三週間前にスピリチュアルケア学会を辞めるという通知を出しました。もう一つ、島薗進《しまぞのすすむ》★45さんが初代会長の日本臨床宗教師会★46というのがあって、現在、私が二代目の会長なのですが、任期までは会長を務めるけれど、その後は会員も含めて全部辞めようと思っています。臨床宗教師は東日本大震災以降に出来上がり、今後も社会的な役割を果たしていくと思いますが、私はそういうボーダーをもう一切持ちたくないんですね。

がんのためというのが表向きの理由ですが、実際には、もう学会とか何とかの立場でやる感覚が自分の中では消えちゃったんです。さらに、今年の一月の能登半島地震に遭遇して、もう学会とかとはまったく関係なしに、自分のやりたい形で自分ができることを一人でやるべきだという切迫感に駆られたんです。それで「京都面白大学」というのをつくって、YouTubeでの公開講義を一日も欠かさずに毎日やり始めた。「京都面白大学総長」を名乗って、社会的な枠組みから離れてフリーランスの形でやりたいんです。

ですから、この対談の話を江原さんから受けたときも、もう辞める覚悟でいたから、誰に気兼ねすることもなく、江原さんと存分に話せる時期がやってきたんだなと思って、今回はそれをすごく楽しみにしていたんです。

そのためにも『ニングル』をきちんと見届けなくてはいけないと思ったのですが、先ほど言ったように、実に見事で「江原啓之は偉いなあ」と思ったわけですよ。おそらくスピリチュアルケア学会の人たちは、こういうあなたの活動の全貌を知らないんですよね。

江原　ありがとうございます。私はただ正直に自己表現をして生きてきただけなのですが……。それぞれの価値観というフィルターが覆ってしまうと人と人が通じ合うということは難しいのですね。

（二〇二四年二月十三日　於：集英社）

★42　ひのはら しげあき　一九一一〜二〇一七。医師。一九四一年、聖路加国際病院の内科医となり、内科医長、院長等を歴任。聖路加国際病院名誉院長・同理事長、聖路加看護大学名誉学長をはじめ、上智大学グリーフケア研究所名誉所長、日本スピリチュアルケア学会理事長など国内外の医学会の会長・顧問等数々の要職を務める。日本初のホスピス専門病院を設立するなど、終末期医療の確立に力を尽くした。

★43　かしわぎ てつお　一九三九年生まれ。淀川キリスト教病院名誉ホスピス長、日本ホスピス・緩和ケア研究振興財団理事長。日本におけるホスピス運動の草分け。著書に『生と死を支える』（朝日新聞出版、一九八三）、『死にゆく人々のケア』（医学書院、一九七八）、『ターミナルケアとホスピス』（大阪大学出版会、二〇〇一）など。

★44　くぼでら としゆき　一九三九年生まれ。埼玉大学、東京都立大学大学院、エモリー大学神学部（神学修士）、コロンビア神学校大学院（神学修士）、博士（大阪大学）、按手礼《あんしゅれい》（米国の合同メソジスト教会ノースジョージア年会にて）。関西学院大学神学部、聖学院大学大学院、兵庫大学大学院で、牧会学、スピリチュアルケア学、生命倫理学などを担当。日本スピリチュアルケア学会元副理事長、リッチモンド記念病院、淀川キリスト教病院でチャプレン（聖職者）を務める。著書に『スピリチュアルケア学序説』（三輪書店、二〇〇四）など。

★45　しまぞの すすむ　一九四八年生まれ。宗教学者。上智大学グリーフケア研究所所長・東京大学名誉教授。著書に『国家神道と日本人』（岩波新書、二〇一〇）、『新宗教を問う』（筑摩書房、二〇二〇）、『教養としての神道——生きのびる神々』（東洋経済新報社、二〇二二）ほか。鎌田東二との共著に『モノ学の冒険』（創元社、二〇〇九）、『グリーフケアの時代——「喪失の悲しみ」に寄り添う』（弘文堂、二〇一九）がある。

★46　一般社団法人日本臨床宗教師会。二〇一七年二月（任意団体としては二〇一六年二月）設立。《「臨床宗教師（interfaith chaplain）」とは、被災地や医療機関、福祉施設などの公共空間で心のケアを提供する宗教者です。

「臨床宗教師」という言葉は、欧米の聖職者チャプレンに対応する日本語として、岡部健医師が2012年に提唱しました。「臨床宗教師」は、布教・伝道を目的とせずに、相手の価値観、人生観、信仰を尊重しながら、宗教者としての経験を活かして、苦悩や悲嘆を抱える人々に寄り添います。さまざまな専門職とチームを組み、宗教者として全存在をかけて、人々の苦悩や悲嘆に向きあい、かけがえのない物語をあるがまま受けとめ、そこから感じ取られるケア対象者の宗教性を尊重し、「スピリチュアルケア」と「宗教的ケア」を行います。》(同会「設立趣意書」より)

第二部

どうしてこんなに
通じ合わないんだろう？

日本オペラ協会公演

オペラ『夕鶴』

公演｜2023年7月1日・2日
会場｜テアトロ・ジーリオ・ショウワ
主催｜公益財団法人日本オペラ振興会
協力｜兵庫県立芸術文化センター
作｜木下順二　作曲｜團伊玖磨
総監督｜郡愛子　指揮｜柴田真郁　演出｜岩田達宗
児童合唱｜こどもの城児童合唱団
管弦楽｜テアトロ・ジーリオ・ショウワ・オーケストラ
美術｜島次郎　衣裳｜半田悦子　照明｜原中治美
舞台監督｜菅原多敢弘　副指揮｜小松拓人／松村優吾
児童合唱指導｜吉村温子　演出助手｜橋詰陽子

【出演者】
つう｜佐藤美枝子／砂川涼子
与ひょう｜藤田卓也／海道弘昭
運ず｜江原啓之／市川宥一郎
惣ど｜下瀬太郎／田中大揮

◆切実なメッセージが込められた『夕鶴』

第一部ではオペラ『ニングル』から話が始まりましたが、第二部は『ニングル』の半年ほど前、二〇二三年七月一日・二日に神奈川県の昭和音楽大学テアトロ・ジーリオ・ショウワで公演された江原さんプロデュースのオペラ『夕鶴』のＤＶＤを鎌田さんが観ての感想から始まります。

あらすじ

深い村はずれの一軒家。以前、傷ついた鶴を助けてやったことのある貧しい与《よ》ひょうのもとに、美しい女房のつうがやってくる。つうは与ひょうを喜ばせようと、夜中に美しい一枚の布を織って彼に渡すが、それが都で大評判になったので、金儲けをたくらむ惣《そう》ど運《うん》ずは与ひょうをそそのかし、つうに布を織らせようとする。布を織るたびにしだいにやせ衰えていくつう。やがて織っているところを与ひょうにのぞかれ、鶴であることを知られたつうは、もはや人間の世界にはいられず、夕空の彼方へ飛び去っていく。

江原　ＤＶＤ、ご覧いただけましたか。この舞台は、昨年（二〇二三年）の七月、新百合ヶ丘にあるテアトロ・ジーリオ・ショウワという、昭和音楽大学のホールがあって、そこで上演したんです。

『夕鶴』は、私がすごく大事にしている作品なんです。以前にも、自分でプロデュースして上演しているんですけれど、この『夕鶴』には、現代の私たちに一番必要なメッセージが込められていると思っています。いま、本当にこの世界から鶴が飛び立とうとしているんですよ。そのことに気づいてほしい。与ひょうは、つうという幸せを手放してしまって、最後は廃人同様になってしまうわけですよね。

鎌田　そうですね。大切なものを見失ってしまい、まさに喪失の悲しみにくれている。

江原　本当にそうですね。ですから、この『夕鶴』を「鶴の恩返し」という民話のお話だと捉えてほしくないんです。私たち現代人は、本当に大切なものを見失ってしまい、物質至上主義に陥っている。みんな、物質に潰されてしまってますよね。

鎌田　第一幕、第二幕でトータル一時間四十分ぐらいのオペラを拝見して一番心に刺さったのは、つうが与ひょうに「分らない。あんたのいうことがなんにも分らない。……口の動くのが見えるだけ。声が聞えるだけ。……とうとうあんたがあの人たちの言葉を、あたしに分らない世界の言葉を話し出した……」と言うところです。つまり、いままでは通じていたし聞こえていたのに、突然与ひょうの言葉が聞こえなくなってしまった。その瞬間を非常に切なく訴えているわけですね。

このとき私は、空海の密教のことを考えたんです。つまり、コミュニケーションというのは、顕の世界、あらわになった世界と、密の世界、秘密の世界の両方をいつも含んでいるんですね。表層的な意味の世界と一種の暗号（しるしとなる象徴）と。だから、「聞こえる」というのは表層的な意味で聞こえるというのと、深層的な意味で聞こえるということの両方を含んでいるはずなんです。だけれど

も我々の生活の多くは、表層的な意味の中だけで成り立っている。だから、深い部分をいかに感じ取ることができるかというのがスピリチュアル的には大事なことになるんですね。

与ひょうとつうは深いコミュニケーションができていたので、二人の会話は他人が聞いても分からないんですよね。それは空海が言うところの「如来秘密《にょらい》」の世界です。空海は、秘密には「如来秘密」と「衆生秘密《しゅじょう》」の二種類があると言います。「衆生秘密」というのは、衆生、つまり我々煩悩のある人間は、目に曇りを持っているために仏の教えが見えなくなっており、迷妄の状態になっているということなんですね。

「あたしに分らない世界の言葉を話し出した」というのは、互いに勝手に分からない言葉を言い合って、ちゃんと理解していない、通じ合っていないという状態で、それが衆生秘密の世界です。自分たちだけに通じるという幻想をつくり上げて、それで通じ合っているような気持ちになったりしているけど、それはあくまでも部分的なもので全体に通じるものではない。つまり、我々の世界は理解と誤解、思い込みや思いやりをごっちゃにして混然としたかたちで成り立っている。

それに対して如来秘密の世界というのは、あまねく真理が実相の世界に行き渡っていて、その声が全部聞こえている。如来が持っている本来の神秘世界というのが如来秘密の世界で、空海はそこにアクセスして、如来秘密の世界に入っていくための修行や手法を「三密加持★[1]」とか「即身成仏★[2]」という理論と実践として日本に持ち込んできた。それが空海の密教の本質的部分なんですね。

如来秘密というのは、ある存在が別の存在の語りをそれぞれ伝えて通じ合っていくことができるという世界なんですよ。天台宗ではそれを天台本覚《ほんがく》思想★[3]として、「一念三千」とか、「諸法実相」とか、「草木国土悉皆成仏《そうもくこくどしっかいじょうぶつ》」などと言っています。つまり、あらゆるものが交信し合って深い安らぎを持つことができる世界で、草木国土悉皆成仏というのは、そういう楽園的な世界のことです。そこへ至るためには、仏の心や眼差しを持たなくてはいけない。しかし、我々は仏ではないから、そういう真如《しんにょ》としてある実相世界が見えず、

★1　密教においては、仏の身口意《しんくい》の行為を〈身密〉〈口（語）密〉〈意（心）密〉を三密とする。三密の瑜伽《ゆが》行（ヨーガの修行）によって行者と仏が一体となって、不可思議な悉地《しつじ》（成就）が現れる。それを三密加持という。（『岩波仏教辞典 第三版』より）

★2　生きている間に生きているこの身に即して成仏の境地に達しようとすること。（同前）

★3　中世天台において展開した本覚（本来の覚性《かくしょう》）門の思想。源信に由来する恵心《えしん》流と覚運に由来する檀那《だんな》流の二つの流れがある。《その思想の特徴は、あるがままの現象世界をそのまま仏の悟りの世界と見るところにある。》（同前）

そこからの声も聞こえない。衆生秘密の只中にあるから、全部ノイズで掻き消されてしまう。

そういう意味で、今回のつうのシーン、ことにつう役の女性の声と歌はすごく切実に届きました。そのシーンの後からシリアス度がぐんぐんぐんぐん増していき、最後、与ひょうが鶴になったつうの機織り姿を見たことでつうは消えていく。与ひょうは泣き暮れているけれども、もう失ったものを取り戻すことはできない。一番大事なものを失ってしまったけれど、最後の最後、つうは自分の命を一つの織物にして与ひょうに託し与ひょうはそれと共に生きていくことができる。それがつうから与ひょうに贈る慈愛なんですね。

そうやって通じ合うことが、幸せや生きる価値・意味を見出すためにいかに必要なことかを、このオペラは表現している。まさにつうという名前が「通じ合う」の〝通〟に思えてきます。

江原　なるほど、はい。

鎌田　前半部分は、通じ合えた世界で二人が幸せに過ごしていた。でも途中からは通じ合えない状態になって、とうとう相手の言葉が理解できなくなってしまう。この辺の落差がすごく明確に伝わってきて、本当の意味でのコミュニケーションとはどういうことかを深

2023年 日本オペラ協会公演『夕鶴』©公益財団法人日本オペラ振興会

く問いかけているし、通じ合うということがいかに重要なのかというメッセージを、このオペラを通して私は読み取りました。

江原　いや、もうそのとおりです。逆に、いま先生がおっしゃったことで気づかされたことがありました。第一部でも言いましたように、今回の対談の大きなテーマは、日本の未来が全然視えないということなんです。視えないというのは、つまり、通じなくなっちゃったということですよね。

現代社会自体もそうですし、人々同士も言葉が通じない。同じところに生きていながらどうしてこんなに通じないんだろうかという、深い孤独と闇を感じてしまう。世の中、分からないことばかりで、本当に難しいことだらけだ、と日々感じていますが、元日の能登の震災で、心が落ちてしまったというか、本当に力が脱けてしまったんです。

いままでは、東日本大震災のときもそうでしたけど、大きな災害が起きたときには、何かしら自分のできることをしていこうということで、寄附活動でも何でもしていたんです。そういう私に、美輪（明宏）さんは「あなたはどうしてそういう余計なことをするんだ。あなたがやることで、本来やるべき人、やらなければならない人たちがやらないで済んでいる。結局、いいように使われているだけなんだ」とおっしゃるんです。

それでも私はそれでいいと思って続けてきたんですけど、今回ばかりは美輪さんの言葉を痛感しました。能登には各地からボランティアが駆けつけていますが、いまだに手がつかないところも多いですよね。なのに、一方の大阪では、万博に莫大《ばくだい》なお金をかけて工事をしている。もしあのお金を能登のために使ったら、どれだけ助かるのかなと思ってしまう。おまけに政治の世界では、裏金だの何だのという話題ばかりで、本来政治家としてやらなきゃならない人たちが動かずに、一般の人々の善意だけで何とかやっている。そういう政治家に対して、地元の人はもっと声を上げなければならないのに、何かそこがぼやけてしまっている。そしてまた美輪さんがおっしゃるように、善意あるボランティアが本来であればまず政治家のやるべきことをぼやけさせてしまっている部分があるんですよね。いまの時代は本当に複雑過ぎます。

鎌田　たしかに複雑な社会だけれど、私は、生きるということはきわめてシンプルなことだと思っています。朝起きて、人によるけれどお祈りをしたり、あるいはしなかったり、それからご飯を食べて、排泄《はいせつ》して、一日の活動をして、そして夜になると疲れて眠る。だから、それができれば、人は健やかであり得る。それは基本で、子どもであろうと大人であろうと同じで、きわめてシンプルです。

だけど、その間にストレスフルなことがあったら、過度にストレスを感じないようなやり方を周りと協力して探るか、あるいは自分一人で工夫して乗り切る。そうやって自分自身や周りを健やかにしていく。これは『古事記』で言うところの「修理固成《しゅうりこせい》★4」です。自分たちでできる範囲の修理固成はしていかなくてはいけない。

ただその規模が大きくなると、それだけの手間暇と人力、そしてネットワークが必要になるし、権力を動かしていかなくてはいけないので、考えれば考えるほど無力感にとらわれ、複雑すぎて手をこまねいてしまいかねないのですが、やるべきことの本質はとてもシンプルなんです。その辺のシンプルさは、死ぬことを意識したら分かりますよ。

江原　だけど、どうして通じないんでしょう。どうして気づかないんでしょう。そんな万博なんて言っているときじゃないということが……。

鎌田　それは金儲けをしたい人たちがいっぱいいるからですね。

江原　そこなんです。だから、金儲けをしたい人たちの言葉に騙され、踊らされているから、本来はもっと追究しなきゃいけない本質の部分が見えなくなって、「一億総通じない状態」になっている……。

鎌田　まさに衆生の妄想がさらなる妄想を産み、悪い相乗作用で妄想を次から次へ増殖させていく感じですよね。そうすると、本来深く通じ合える可能性を持っている如来秘密の世界へ行けずに、そこからどんどんどんどん離れてしまっていく。

◆この世に必要なのは「世直り」と「世直し」

江原　どうしたら正常でいられますかね。私の周りでも、私の本の読者もそうなんですけど、みんな正常を保っていることが難しいと言っていて、もうこうなったら世直しをする

★4　『古事記』の《伊耶那岐命《いざなきのみこと》・伊耶那美命《いざなみのみこと》二柱の神に、「是《こ》の多陀用弊流《ただよへる》国を修理固成《つくろひかためなせ》」と詔《みことのり》して》から。《「むすひ」とは根源的な生成力で、その生成力は先ほど言ったような創造も生み出すけれども、破壊的な部分、死の部分をも含み持ちます。だけれども、その後もさらに創造、生成を続けていく。この根源的な生成の力が、生存の基盤にある、存在の基盤にある。／では、それをどうやって運営していくか（託された運営の有り様）。農業をするためには種が必要だし、それを育てる水が必要だし、いろいろなやり方や創意工夫があるでしょう。「修理固成」とは、まさにその創意工夫の有り様です。だから、それはテクノロジーでもあり、ひとつの作法でもあり、儀礼のようなものなど、いろいろなものを含みます。そして、それはある種の生存の哲学に則りながら、生存の戦略として編み出されてくる。メソッドやテクノロジーなども含みます。それが「修理固成」という言葉になる。》（鎌田東二「大国主神に学ぶ日本人の生き方　4　『むすひ』と『修理固成』の力」テンミニッツTV、二〇二三年十二月三十一日）

しかない、という声も上がっています。

鎌田　私は、二〇一六年に『世直しの思想★5』という本を書いて、京都大学こころの未来研究センターの最終講義のときに、その本を来られた方に差し上げました。江戸時代の庶民は、世直しという言葉に大きな自然の回復力というものを見出していた。世直しは能動的に直すという部分があるけれども、それとは別に世直りというのがあるのですね。でも、世直りと世直しというのはある意味で連動するんです。つまり、世直りの自動詞的な部分を感じ取れないと、いくら世直しだけをアクティブにやっても、先ほどの通じ合わなくなる部分が出てくる。一番大事なのは、世直りの部分にどういうふうに世直し的なものをつなげるかという課題なんです。たとえば万博などは、一部の人たちは経済回復のチャンスだみたいなことを言っていますが、トータルに言えば世直しではないし、世直りでもない。そういう本質的ではない対処療法をいくらやっても、全体としてより通じ合わなくなり、ふん詰まり状態になってしまう。

では、世直り的なものをどういうふうに見ていくかと言ったら、私は、今回の能登半島地震の場合だと、真脇の遺跡★6が発しているメッセージをどう我々の未来に生かすかということだと思っているんです。あの遺跡には縄文以来五千年に及ぶ人々の生活の層がある。そして、その中心に十本のウッドサークルがあって、南の七尾湾、東の九十九《つくも》湾のほうに窓が開いているような形になっている。そのサークルは人々の心の母体です。同じ敷地内には縄文小屋があって、今回の地震でびくともしなかった。石斧《せきふ》で柱を組むためのほぞ穴を開けているんですが、その形は楕円形で、柱を組んだときにわずかに隙間ができる。その隙間が小屋に掛かる力を分散させるという柔構造になっている。だから地震に耐えられたんですね。

私たち自身のあり方も社会のあり方も、力を分散できる柔構造のような部分が必要なん

★5　春秋社、二〇一六年。《いつごろからか、自分の一番やりたいことは「世直し」であると公言するようになった。……日本の宗教史において、この「世直し」という言葉がリアリティを持っていたのは幕末維新期であった。その流れを受けた大本（一般には「大本教」と呼ばれているが、正式教団名は「大本」）などの「民衆宗教」でも「世の立て替え立て直し」とか「世直し」の語が喧伝され、社会変革の運動となった。》（同書「序章『世直し』への希求と実践」より）

★6　石川県能登町字真脇にある、北陸最大級の縄文時代遺跡。通常は残りにくい木製品や、動物の骨、植物の種子などが非常に良好な状態で出土し、前期末葉から中期初頭にかけての地層から出土した大量のイルカの骨は、縄文時代の人々の食生活を明らかにする大きなヒントとなっている。その他、墓穴の中に板を敷いてから遺体を埋葬した「板敷き土壙墓《どこうぼ》」や同じ場所で六回も炉を作りかえていた「貼床住居址」、クリの丸太を半分に割り円形に並べて立てられた「環状木柱列」などがある。（「国指定史跡真脇遺跡」ＨＰより）

ですね。それをどうやってつくるのか。そこにはおのずと助け合う部分が生まれてくる。一人一人が孤立化したら、隙間がなくなって「自分直し」もできない。直そうと思っても直らなくなる。だけど、その隙間にいろいろなケアの手が加わったり、いろいろな通じ合う回路が生まれたら、「自分直し」、「世直し」さらには「世直り」もできて、自然回復力、自然治癒力といったレジリエンス（復元力、回復力）がより強化されてくる。どんな状況になってもそうした部分を目覚めさせることは必要で、それがいのちの「産霊《むすひ》★7」のちからであり、原則だと思っています。

江原　『夕鶴』で言うと、私が演じた運ずという男は一番普通の人間なんですね。欲もある一方で、与ひょうにたくさん布を織らせるようにそそのかしたことを申し訳ないと思ってもいる。

鎌田　運ずに比べると、惣どのほうが確信犯であくどい感じですよね。
江原　今回のオペラ『夕鶴』では、岩田達宗《たつじ》さんが演出を務めました。私が演じた運ずはマタギでもあるので鉄砲を持っていますが、あの鉄砲はつうの織った布を売ったお金で買ったものなんです。岩田さんは演出で、愛の千羽織を、人を殺す道具である鉄砲に換えたという対比も表現したかったのでしょうね。運ずはその鉄砲を大事に持っていて、つうの織った布を町に持っていけば「いつも、十両に売れるわ」と言って、その鉄砲を見せるわけですよね。だけど、惣どは「ほんなもんの千羽織なら、都さ持ってけば千両にはなるわ」とさらに儲けようとけしかけるんです。ただ、あそこで面白いのは、与ひょうと惣どはまったく言葉が通じないことです。で、運ずが二人のあいだに入って通訳をする。だから、与ひょうは惣どと話しているときに惣どのことを見ていない。運ずが間に入ってすべて通訳して説明する。おまけに、途中から運ずはつうと一体化するんですよね。つうが、

★7《産巣日、魂、産日、産魂などの表記もある。天地・万物を生成発展させる霊的なはたらきをいう。ムスは生成発展する意。ヒは霊または神秘的なはたらきを意味する。》（國學院大學日本文化研究所編『〔縮刷版〕神道事典』弘文堂、一九九九）

「お金って何?」と言って恐る恐るお金に触れると、自らお金に触れたその手を汚らわしく思い、穢《けが》れを祓うようにして手を払うシーンがありますが、運ずは自分がしたことの愚かさに気がつき、あれだけ大事にしていた鉄砲を投げ落とす。ここの場面は、つうと運ずが通じ合った瞬間を表しています。本当に大切なものは交換では得られないという、つうの痛みが自分事のように分かった瞬間なんです。

鎌田　はい、そういうシーンがありますね。

江原　あれは、運ずがつうになったときなんですよね。

鎌田　なるほど。そういう暗示を演出しているわけですね。

江原　だから、最後に与ひょうが「つう……つう……」と立ち尽くしているとき、運ずは、自分が一生償っていくという、その思いで終わるんです。

鎌田　与ひょうの未来と我々の未来は重なっているわけですよね。与ひょうは善良な部分と普通に金儲けをしたいという部分とがあるわけですが、周りの声にそそのかされて金儲けの部分が一番高まったときに、つうと通じ合わなくなった。そこからかなり深刻なことになっていく。ただ先ほど言ったように、つうは二枚の布を織ってくれたわけですね。一つは、都に行って金に換えてくださいと。もう一つは、あなたのために織ったもので「いつまでも大事に持っていてね」と。これは交換価値ではなく、贈与です。この贈与という愛がある限りにおいては、自然治癒力の部分が働く余地はある。だから、二人の関係は完璧に駄目になったわけではない。ここの部分をどう未来においてシェアできるかというのは、けっこう重要な課題だと思います。

江原　私はいま、第三次世界大戦の戦中だと思っているんですよね。第二次世界大戦のときのようにひどい状況が分かりやすく見えているわけではないから、みんな何となくそのまま流しているけれども、要するに、近い将来、我々にも赤紙が来るわけですよね。そうすると、自然治癒力で未来を築いていこうと思っても、その未来が来る前に命を召し取られてしまうかもしれない。その場合には、もう来世に期待するしかないのかなと、だから未来が視えないのだろうなって思っているんですよ。

◆「面白」で自由な社会を取り戻す

鎌田　私は、いずれ人類は絶滅すると思っているんですよ。

江原　いや、そうですか（笑）。

鎌田　もうずいぶん前からそう思っている。
江原　だったら、逆に気が楽ですね。あの世がありますから。
鎌田　そう、あの世ももちろんそうだけれど、いのちというものは、突然変異を生み出すとか、進化するとかして、かたちを変えてつながっていきます。
　京都面白大学で授業をやるというのは、自然回復力、自然治癒力を強化するために自分がどう面白く生きていけるかということの臨床実験みたいなものなんですよ。こうして江原さんと再会して対話できるプロセスも自然回復力につながっていくわけで、それによって自分はますます元気になっていく。
　一九九九年に東京自由大学★8というのをつくりましたが、そのときは人間が生きていく上で自由ということが本当に大事だと思っていたんですね。自由を阻害することが悪であり、あらゆるものの生命力を駄目にする根幹であると思っていた。だから、学校とか会社とか自分を自由にしないような仕組みがあれば、それから離脱してもいいし、自分自身で違う自由を生み出していけばいい。だから、学校教育ではない市民のために開かれた学びの場をつくって、そこで本来あるべき学びや通じ合いをどのように生み出していけばいいのかという実験を始めたんです。

それから二十五年以上経って、自由がどんどんどんどんなくなって、蹂躙《じゅうりん》されている。そして、江原さんが言うように、第三次世界大戦という見えない戦争のような状況の中にあって、SNSの情報とかディープステートであるとか、いろいろなものがてんでんばらばらに蠢《うごめ》いている中で、いろんなものが壊れているわけですね。

そういう中で、一人で立ち向かえるのは〝面白〟だと。だから、私は京都面白大学の総長になって、面白いということが一体何なのかを突き詰めていっているんですよ。自由という、昔から大切にされてきた倫理的な価値がすでにどうしようもないぐらいまで追い込まれてきている現在、もう最後の砦は〝面白〟しかない。自分自身がどう面白く生きてい

★8 《自由で豊かで深い知性と感性と愛をもつ心身に自己形成してゆくための機会を創りたいと思う。まったく任意の、自由な探求と創造の喜びに満ちた「自由大学」をその機会と場として提供したい》(鎌田東二「東京自由大学設立趣旨」一九九八年十一月二十五日)。設立発起人(肩書きは当時のもの):鎌田東二(東京自由大学教頭、武蔵丘短期大学助教授・宗教哲学)、横尾龍彦(東京自由大学学長、画家)、福澤喜子(東京自由大学顧問、香禅気香道、感性塾主宰)、長尾喜和子(東京自由大学顧問、ギャラリーいそがや元代表)、池田雅之(早稲田大学社会科学部教授)、宮内勝典(作家)、大重潤一郎(映画監督)、原田憲一(山形大学理学部教授)、川村紗智子(陶芸家)、平方成治(東京自由大学事務局長、西荻WENZスタジオ代表)。現学長は島薗進。鎌田は名誉理事長。

けるのか、それを通して世直りとか世直しということを自分で実践できる部分をつくっていこうというのがいまの私の目標なんですね。そして、死ぬまで面白く生きようとすることは可能なんです。ただ、それがどういう力になって、人々のネットワークやつながりになっていくかは未知数です。

江原　私も最後まで〝面白〟で生きたいんですよね。鎌田先生から見たらまだ若いですけど、年齢的にはもう逃げ切れる年なんですよ。

鎌田　今年還暦になる。

江原　はい、そうです。だから、ぶっちゃけて恐れず申し上げると、私は絶対に新型コロナウイルスのワクチン注射を打ちたくないんですよね。それは戦死したくないというのと同じなんです。赤紙が来て、戦場で撃たれて死ぬのと一緒なんです。それなのに、みんな副反応でどれだけの人が苦しんでいるかとかいうことがピンときてない。危ないよって、そんな簡単に打っちゃ駄目だよといくら言っても、ピンとこない。『この世が危ない！』でも言っているように、種苗法《しゅびょう》の問題も水道の民営化の問題も根本は同じです。私たちの生活に直接関わる大事なことを経済原則で安易に変えてしまったら、未来は大きく変わってしまう。

鎌田　シュタイナーは一九二〇年代に、六六六の三倍数の一九九八年は危険だと警告していました。六六六を二倍すると一三三二年。その頃日本は、鎌倉時代が終わって室町時代になって、南北に分かれて戦争が起こり、いわば日本が真っ二つになったような経験を持つわけですよね。でも、それは国家の中枢部分で起こった出来事です。全国民に波及するとはいっても、あの時代ですから、地方の末端に行けば中央とは関係のない日常の部分はあったんですよ。

でも、一九九八年から始まる現在の危機には、それがないんですよね。ディープステートもそうだし、世界中もう全部が、グローバリズムの中で、一蓮托生《いちれんたくしょう》みたいなかたちになってしまっている。ある一部のところで起こっている出来事が、すぐさま全地球的に波及してしまうような恐ろしさがあって、どこにも逃げ場がないんですよ。みんなが、見えない獄舎につながれているような状態になっている。実際、緊急事態宣言のときには、さまざまな行動制限が課されて、何かそれに反することをするとすぐに通報されるという監視社会のような圧力が高まったし、そうした社会を改善していこうという政治家も現れない。しかし、自然界からの警告はもっと鋭く深くなっていますから、そんなせこい人間の思慮を吹っ飛ばすぐらいの壊滅的なことが起こりますよ。というか、現に起きていると思います。自然災害のレベルでも戦争や紛争やさまざまな争いごとのレベルでも。

江原　本当にそうですね。

鎌田　江戸庶民は、地震のことを、地が新たになる「地新」といって、大地が〝地直り〟をしていくような自然の力があると信じていましたが、私もそれを信じているんですね。江戸庶民が信頼した政権は崩れても、新たにそこでよみがえってくる命があって、人間事だけで考えると終わりだけど、人間以外のものの大きい力を考えると、まだまだ可能性というか、次の段階はあるなというふうには思っているんですね。

江原　でも、シュタイナーは、日本もなくなると予言していましたよね（笑）。

鎌田　まあ、それは小松左京も言っているからね、『日本沈没』で（笑）。

◆体自身が発する声を聴く

鎌田　江原さんは農業をやり始めたんですよね。

江原　はい。

鎌田　そういう志向は今後絶対に必要だし、江原さん自身の生き方として、食べるという非常に日常的なところから考え始めた。まさにそこだと思うんですね。

江原　やっぱり自分がやらなければ人にも言えませんからね。でも、言ったところで振り払われてしまうんですよね。

鎌田　何が振り払われるんですか？

江原　いま食糧難が来ていることはさまざまなエビデンスが証明しているんですよね。でも、多くの人はいくら食糧危機が来ていると言っても、食糧は充分足りているというプロパガンダを信じきっていて、私の警告など振り払われてしまう。きっと、実際にスーパーからものがなくならない限りみんな分からないんですよね。だけど、たとえば米や野菜がいますごく高騰していますけど、「価格の高騰は食糧難から来ているんだと何で思わないの？」って、すごく不思議なんですよ。だから私のように、この食糧難の時代にどうやって食べていくかを考えれば、プランターでも何でも使って自分がつくるのが一番なんですよね。

鎌田　現在の流通の仕組みでは生産工程が見えない。どこでつくって、どうやって運ばれて、最終的に自分の胃袋に入れて排泄するまでの経路が見えない。あるところで生まれた食材がどうやって自分のところまで来て、自分がそれを口にしてうんちで出していくのかということをちゃんとリアルに認識するということが一番重要な、健やかさの前提なんですよね。そうした流れを見ずに、部分的で不確かなものの中でうまくやっているように思っているのは幻想、迷妄なんです。

江原　『この世が危ない！』でも書きましたけど、コオロギを食べたい人は別に食べていいんですけど、やっぱりなんでわざわざコオロギを？　と思ってしまうんですよね。それから、オペラの歌手の中にも舞台袖でサプリメントで栄養補給している人がいるんです。でも、こう言っては失礼ですけど、あれは食べものじゃないですよね。

鎌田　私は歌を歌うときに、おにぎりを四個ぐらい食べるんです。パンとかパスタみたいなものは軽すぎて駄目。私はずっと玄米食なんですが、それも農薬を使っていない玄米を炊いて食べる。それをおにぎりにして食べると、お腹がきちんと整って歌が歌える。でも、サプリメントでは歌えないと思いますよ。

　ともかく、システムの中の流通に流されるのではない、体自体から発する声があるじゃないですか。そこをどう大事にできるか、ライフサイクルとライフスタイルの中でそれを自分でチェックできないといけませんね。

江原　そうしたことをすべて分かった上で、いまの生き方があるわけですものね。

鎌田　すべて分かっているわけではありませんが、だんだんだんだん分かってきたんですね。私のいまの生き方は「犬も歩けば棒に当たる」で、歩いてぶつかって自分で気づいてきたことが積み上がってできているんです。

◆人類の滅亡は自然の営みでもある

江原　私は、これまで「危ない！」シリーズを書き続けてきましたが、いまはなんだか万策尽きた感じなんですよ。何度も申し上げますけど、未来がまったく視えない。エビデンスが不確かで見えないという〝見えない〟もあるし、私自身の能力として〝視えない〟ということもあるんです。要は、それに対して、私は何をするべきなのかということですよね。いままでもこの「危ない！」シリーズで伝えてきているんですけど、結局のところ、私が強く言及すれば言及するほど、みんな現実離れの話のように受け取ってしまう。つまり、怖い話は聞きたくないってことなんですね。だから、スピリチュアルの世界について語る人たちがたくさんいますけれど、受けるのは耳触りのいいことばかりなんですよ。「あなたはこのままで大丈夫」「このままで生きればいい」って。

私は「いや、駄目だ」って言うものですから、「江原さんは厳しいし、きつい。だから、もう聞きたくない」というふうになる。もちろん、私のことを信じられると言ってくれて、同じことを考えていたと賛同してくれる人たちもいるんですよ、たくさん。つまり、通じない人たちと通じる人たちとが二極に分かれてしまっているんですね。

ただ、世界が確実に悪い方向へ進んでいるのはまちがいないですね。「こんなところまで来ているじゃない、それが何で見えないの？」と。そういう切実な思いで、今回鎌田先生にご意見を伺いたかったんです。お話を聞いているうちに、何か一つでも自分の指針が生まれればいいなと思って。今日の中で一番響いたのは、〝面白〟ですね。

もう一つ、「いずれ人類は絶滅する」という言葉です。これはすごく重たい言葉だし、怖い言葉でもあるのだけれど、この言葉を聞いて、「あっ、そうか」と、何かフッと力が抜けたんですよ。自然界はみんなそうやって滅んではまた甦《よみがえ》ることを繰り返してきているわけですものね。その自然の営みに逆らわず、だけれども、〝面白〟に生きるということなんですよね。

私も、これまでいろいろな世界の予言だの何だのをたくさん見聞きし、勉強したりしてきましたけど、このままではいけない、この流れにはなんとしても逆らわねばいけないんだという気持ちがものすごく強かったんです。何と言ったらいいんでしょうか。自分自身が怠惰に生きてはいけないという気持ちでいますから、なんか切羽詰まった感じで、世界各地の聖地を訪れたりもしているんです。このあいだはポルトガルのファティマ★9にも行きましたし、ルルド★10にも行きました。

鎌田　そこでメッセージを聞いて、確認する。

江原　はい。フランスのルルドという村で、ベルナデッタという十四歳の少女が、ルルドの聖母マリア――ベルナデッタ自身は「無原罪の宿り」と言っていて、聖母マリアとは言ってないんですよね――に出会う。最初は誰も信じなかったんですけれど、聖母に「真理の水で清まりなさい」と言われて、井戸を掘ったら水が出てきた。それから周囲の人た

★9　一九一七年五月十三日、ポルトガルの小さな町ファティマで、三人の羊飼いの子どもの前に聖母マリアが現れ、毎月十三日に同じ場所に来るよう告げた。そして「大戦争の終焉と勃発」など三つのメッセージを伝えた。後年、ローマ教皇庁も一連の聖母出現を公認し、この「ファティマの奇跡」を認めた。

★10　一八五八年二月十一日、フランス南部のピレネー山脈の麓に位置する小村ルルドで、十四歳の少女ベルナデッタが、近所の岩山の洞窟で白い婦人の姿を見る。以後、その女性は五カ月間に十八回ベルナデッタの前に姿を現す（他の人には見えない）。ベルナデッタが洞窟に通って祈る姿を見て、その女性は聖母マリアらしいという噂が広まっていく。そして右手が麻痺していた女性が近くの泉の水を飲むと、その麻痺が癒えた。以後、多くの病人が奇跡の治癒を求めてルルドを訪れるようになる。

ちも信じるようになったわけですね。それがいつの間にかその水に触れたり浸かると病気が治るということになったのは、いかにも現世らしい誤謬《ごびゅう》です。

でも、あのメッセージは、たんに水に触れるという物質的なことではなくて、真実の生き方をして自分が清まりなさいと言っているんだと思います。要するに、水に触れれば病気が治るということじゃなくて、自分自身がこの世の真理をしっかりと突き詰めて清まりなさいという意味だと、私は思っています。

その他、アッシジ★11にも行きましたし、イタリア半島のちょうど踵《かかと》の上の辺りのところにあるサン・ジョバンニ・ロトンドの大聖堂にも行きました。あの大聖堂にはパードレ・ピオ、ピオ神父★12というすごい霊能力のある修道士がいて、それがためにローマ・カトリックから糾弾されたという、かわいそうな生き方でしたけれども。

ただ、西洋的なメッセージというのは、どうしても何かせねばならないというふうになりますでしょう。だから、そこに自分自身の変なヒロイズムみたいなものが出てきてしまって、これだけは伝えなくちゃいけないと思いがちなんですけど、いまのお話を伺っていると、それはある意味、自然の摂理に逆らうことでもあるのかなと。

鎌田　摂理という言葉が適切かどうか分かりませんが、神道的に言うと「産霊《むすひ》」ですね。

ただ産霊というのは、人間的なスケールを超えているものですから、なかなか解釈しがたいんですね。いまのルルドの話でも、ヒューマン・スケールで救済だとか、あるいは倫理的に何をすべきかとかというふうになっているわけですが、でも、生命存在とか人間の存在そのものはもっと大きいスケールの産霊の力の中にある。だから、人間の思慮では及ばないので分かりようがない、というのが私の中に根本的にあるし、ある意味ではそれに委ねているんですね。

そして同時に、ヒューマン・スケールの中でもいろんなメッセージを我々は聞き取ることができる。これはどんな状態でも可能です。たとえば、私が監獄に入っていても空海と

★11 イタリア中央部にある都市。聖フランチェスコ（一一八二〜一二二六）の出身地。アッシジの裕福な織物商の家に生まれたフランチェスコは、奔放な青春時代を過ごしたが夢の中でイエス・キリストに出会い、回心する。アッシジに戻ったフランチェスコは、イエスの言葉に従い、同志を集め、清貧と愛の生活を続けて多くの人びとを感化し、「小さき兄弟会」、後の「フランシスコ会」を創立。「アッシジの聖フランチェスコ」として崇敬を集めた。

★12 Padre Pio 一八八七〜一九六八。本名フランチェスコ・フォルジョーネ。南イタリアのサン・ジョバンニ・ロトンドという山村に住んでいたカプチン会司祭。一九一八年九月二十日、ピオ神父の前に手足に傷のあるイエス・キリストが現れ、その後神父の手と足にも聖痕が現れたという。二〇〇二年に聖人に列聖された。

対話できると思っているし、江原さんもそうだと思うんですけど、本当にこの人の話を聞きたいと思う人たちとの対話は可能だと思っているんですね。

　私がこれまでに一番対話してきたと思っているのは空海です。私は現在比叡山の麓に住んでいるので、最澄《さいちょう》さんとも対話を重ねています。それは何か聞こえてくるというふうなレベルではなくて、自分の中で内的な問答を最澄さんとやっているということです。いままでは空海さんが一番偉いと思っていましたけど、最澄さんの偉さもすごいなと感じています。

　実は明日、京都面白大学でやっている空海塾で「空海からの伝言」という長谷川敏彦★13さんとの対談を収録するんですよ。先ほど言ったように、空海さんは「衆生秘密」と「如来秘密」という二つの秘密があると言っています。いま私たち衆生はある種の幻想の中に取り込まれていて、その幻想があたかも現実かのように、まさにマトリックスの中に落とし込まれているような状態になっている。それが分かっていても、なかなか突破できない、開けない。でも、もし開くことができたら、いろいろな次元があるということがもっとはっきりとリアルに見えてくる。そういうリアルに見えてくる次元を空海さんはちゃんと開示している。そして、究極の開示の世界は如来秘密だと。しかし、如来秘密に行き着くためには、いくつものパスワードをどんどんどんどん開いていって、アクセスしていかないと到達できないから、それはそんなに簡単ではないんですけれども、でも、できるんだと。

江原　人と人とが通じ合うということもさまざまな経験と感動が必要です。人の痛みを我が事のように体験してお互いが理解し合える、通じ合えることになるのだと思っています。そして人と人との間だけではなく、人と自然、たましいとたましいの間、スピリチュアリズムで言えば「類魂」として通じ合うことが大切なのだと思っています。

鎌田　空海さんは綜芸種智院《しゅげいしゅちいん》★14という民間学校をつくっていますが、私の面白大学も綜芸種智院から始まっているようなものなんです。国に頼らず、自分たちの本当の学びをどうやってつくっていくのか。空海さん自身、国の大学を中退していますからね。そういう精神性は今日までつながっていて、私たちの東京自由大学も京都面白大学も、日本最初の

★13　はせがわとしひこ　米国で外科、公衆衛生学等を学ぶ傍ら、ニューエイジサイエンスの動向を日本にいち早く紹介する。一九八六年に旧厚生省に入省し「がん政策」「寝たきり老人ゼロ作戦」を立案、「健康日本21」「医療計画」「医療安全」等に関与。日本医科大学医療管理学主任教授を経て、二〇一四年に未来医療研究機構を設立。鎌田東二との共著に『超少子・超高齢社会の日本が未来を開く——医療と宗教のパラダイムシフト』（ホーム社、二〇二四）がある。

私立大学である綜芸種智院が切り拓《ひら》いたプロセスを引き継いでいるわけです。
　私の死ぬまでの一つの課題は、過去のそういう人たちとの対話と未来からの声との対話をどう自分の中でつなげられるかということなんです。そして、それは面白くなくては力にならない。〝面白〟というのは、神聖エネルギーを受けるということですから、そのものは「エンジョイ」じゃないんです。神聖エネルギー、神の光が差し込んで、面《おもて》が白くなる。そうすれば自然に手が伸びて楽しくなる。エンジョイやハッピーはその次に来るわけですね。だから、〝面白〟というのは、宇宙の大きな産霊の力に照らされて、その人の中に創造性の宿りというか、開きが生まれてくることなんです。そうすると、おのずと自然に輝きが出てくる。

江原　笑いはお祓いでもありますね。天岩戸《あまのいわと》に御隠れになった天照《あまてらす》大神《おおみかみ》を引き出したのも、天宇受売命《あめのうずめのみこと》の舞を見て、八《や》百万《およろず》の神々が大笑いをしたのがきっかけでした。神の光でもあり、太陽でもある、天照大神が芸術の起源でもある天宇受売命の舞と八百万の神々の笑いで再び世界を照らし始める。これは心霊の神とも言われている思兼神《おもいかねのかみ》の知恵がきっかけにもなっていますから、世界が暗闇に閉ざされたときに必要なのは、神聖な知恵やインスピレーションとつながり、芸術、芸能が生み出す〝面白〟に触れて、笑いというお祓いができれば、再び暗闇に陽《ひ》が差してくるのだと思います。

鎌田　実は、神聖エネルギーというのは贈与的に与えられ続けているんですよね。ただ、我々が閉ざしているから見えないだけで、常に発光し続けているというのは感じています。

私自身、がんになって死を光源として生きるようになって、その辺がはっきり見えてきました。だから、私はすごく楽になったんです。余計なものを考える必要がなくなったというか、もうできないことはできないんだから、と。なにしろ、半年前に余命三年と言われているから、残りのあと二年半で自分が面白くやるべきことをやって、そしてあちら側に行けばいいだけのことですから。もちろんそれで終わりじゃなく、あちら側にも次の展開がある、そんなふうな感じですね。

江原　私もそうなったらあっちへ行きたい（笑）。

鎌田　最近、「長生きしてください」とかって言われるんですけど、この世に長くとどまりたくないという気持ちがずいぶん強くなっています。妻には申し訳ないし、周りにも申

★14　天長五（八二八）年弘法大師空海が創設。真言密教の思想をもって、社会に貢献する人材の育成を目的とした日本最初の庶民に開かれた私立学校。（種智院大学ＨＰ「沿革」より）

し訳ないけど、自分がやるべきことはすべてやった、だからいつ死んでもいい、長々と生き続けたくないなという気持ちはけっこう強くあります。

江原　私はまだ先生より若いし、病気にもなっていませんが、私にも本当にそういうところあるんですよね。

鎌田　いつ頃からそんなふうな感じになってきました？

江原　そもそも昔からあるんです。

鎌田　江原さん自身が悩みを抱えていた、お父さんやお母さんを失ったとかいろいろね。

江原　もともとそういう感覚はあって、両親を失ったというのは、自分自身の裏づけなんですよね。自分がどうして生きているのかということのエビデンスになっていただけなんですよ。父母のこととか、普通じゃみんな分からない人たちと会話していたとかいうことが裏づけになっただけで。そういう意味では、この世とあの世というのはあまり違いがないんです。あの世は、本当にひょっと渡っただけというだけのことで、むしろこの世にある苦痛はないわけですから、いつ死んでもいいやと。だけれども、そのうちに逆を考えるようになったんですね、居とどまろうと。

世の中の人がスポーツをするのと一緒で、マラソンとかあんな苦しいことやるのは大変なんだけれど、でも、ここじゃなきゃできないことだと思ったら、まずはここの醍醐味を味わってから行こうかなという。

鎌田　私は十七歳、高校三年生のときに美輪明宏さんの『紫の履歴書★15』を読んで本当に感動したんです。それで受験勉強の合間に『紫の履歴書』について四十枚くらいの論文を書いた。それぐらいあの人が言っていることが私の中に刺さったので、メッセージをリアクションとして生み出そうとしたわけですね。そのときに思ったのは、生きていく上で真実をごまかさないで生きていくということでした。江原さんもそうだと思うんですけれど、美輪さんもごまかさないで生きてきた、一つの見本だと思うんですよね。

大事なことは、ああいう生き方ができるということなんですよね。しかも、美輪さんが特別だということではなくて、誰しもそういう生き方をする可能性を持っている。でも、それをしないのは、あるいはそうできないのはなぜかということを自分に問わねばならない。世間体にとらわれていたらできないんです。美輪さんは世間体なんて一切気にしていませんから。美輪さんはこの世を道場だと思っていて、その道場でちゃんと自分の役割を

★15　丸山明宏名義で書かれた自伝。大光社、一九六八年刊。新装版、水書房、二〇〇七年。

果たす。私も美輪さんと同じように、この世を道場みたいに思っているから、小さいときから使命感だけはあった。具体的に何をすればいいかは分からなかったけれど、この世で何かしなければいけないという使命感は感じていました。ここまで七十二年生きてきて、面白大学をやったことで、その使命の達成に近づいているような感じですね。これで一つの打ち止めじゃないけれど、一応自分の中の達成に近づいているとは思っています。

もちろん、完璧にできることは絶対ないのだけれど、この世でやるべきことはある程度自分なりにやりましたとは言えると思っているんですね。閻魔《えんま》さんがいたら、「おまえ、こんなこともあるよ、あれもあるで」と言うかもしれないけれど、本当に果たすべきことの核心部分については、もうすでに何十年かけてやってきたという思いも一方である。だから、いつお迎えが来ても悔いはないので、この先、一番精魂を傾けたいのは、未来に誕生してくる命や存在形態、そういうものとの交流とか交信とか、そういうものと人類として生き続けてきた過去の英知をつなぐために、いまを生きている私たちがどうやってそれをアクセス可能なものにできるかということです。

そこには、先ほどの如来秘密や衆生秘密など、いろいろなレベルがあるから、それらを無理やり全部つなげることはできないけれど、それぞれの中でできることはあるはずです。

すごく楽観的なんですけど、それは生命としての楽観主義で、そこは信頼しているんですよ。たとえ人類が滅んだとしても楽観的です。

江原　すごい。でも、やっぱりそうか。私は先生と出会ってよかった。

鎌田　ナウシカと同じですよ、それは。人類の苦悩はしょっているけど、王蟲《オーム》も含めて生命の未来を彼女は感じているでしょう。

江原　まさにおっしゃるとおりで、自分自身のアカシック・レコード★16と向き合っていくことですよね。

鎌田　アカシック・レコードは、空海の言う虚空蔵菩薩《こくうぞうぼさつ》の求聞持法《ぐもんじほう》★17の世界ですからね。

★16《アーカーシャ（Ākaśa）は、空、あるいは精妙なエーテル的実体などといった語義を持つサンスクリット語で、ヴェーダーンタ哲学などに形而上的実体を表わす用例が見出されるが、「アーカーシャ年代記」ないし「アカシック・レコード」といった形で、神秘学用語として用いられる時には、一般に、超感覚的存在水準に存する、宇宙の全事象のありのままの痕跡、独立した、世界そのものの有する記憶実体といった意味を持つ。》（ルドルフ・シュタイナー『アーカーシャ年代記より』深澤英隆訳、人智学出版社、一九八二、「訳者あとがき」より）

★17　聞持（見聞覚知《けんもんかくち》したことを覚えて忘れないこと）を求める密教の一種の記憶力増進法。若き日の空海が、この法を修して成就したことが『三教指帰《さんごうしいき》』に述べられている。（『岩波仏教辞典 第三版』より）

江原　そうですね。そこと向き合ってただ生きるのみで、そしてまた、それが未来につながって、そこからまた何か……。
鎌田　絶対生まれる。
江原　ですよね。
鎌田　だから、江原さんの「危ない！」シリーズのメッセージもアカシック・レコードにちゃんと刻印されているし、私が『狂天慟地』という詩集を書いたことも刻印されているし、これは誰も見向きもしなくても、読まれなくても、ちゃんとレコードはされているんですよ。

◆「犬も歩けば棒に当たる」人生

鎌田　最後にひと言。『ニングル』もすばらしかったけれど、今回『夕鶴』を観て、二つとも似たようなメッセージがあると思いました。どちらも、人間がよこしまに生きていたらどうなるか、そして本当の生き方、大切なものはどこにあるのかを伝えてくれているんですね。

何年か前に、江原さんが山谷《さんや》にホスピスをつくろうとした★18じゃないですか。
江原　結局、ぶった切られてしまいましたけどね。
鎌田　でも、やろうとした行為はレコードされているし、分かる人には伝わっているわけですよ、うそ偽りなく。そういうことをいろんなところで感じ取ってくれる人たちはまだまだ未来世代にいると思います。
　先ほども言ったように、私の人生は、〝犬棒〟（犬も歩けば棒に当たる）と〝捕らタヌ〟（捕らぬタヌキの皮算用）の人生なのですが、棒が当たって江原さんにも会ったわけでしょう。そこで『ナウシカ』の話をしたり、映画を一緒に観たりして、まさに自分の犬棒人生

★18　二〇〇二年、経済的に困窮し、身寄りがない人たちが最期を迎えるための場所として東京・山谷に民間ホスピス「きぼうのいえ」が誕生。運営者である山本雅基氏、美恵氏夫妻と知り合い、その考えに共鳴した江原氏は自らの私財を投じて、冷暖房完備の新しいホスピス施設「きぼうのいえ　日本堤（仮称）」の開設を計画。《私は初めて（山本）ご夫妻と対面した時に耳にした言葉を生涯忘れることはないでしょう。「介護用のお風呂や診療室など、ホスピスの施設を整えるのは、さぞかし大変でしょうね」と語りかけた私に雅基さんは「大袈裟なことを考える必要はありません。私は自宅に家族が増えるだけだと考えています」とおっしゃったのです。》（江原啓之「独占告白・『第三幕』のはじまりは山谷にホスピスを実現」『婦人公論』二〇〇九年九月二十二日号）二〇一〇年六月の開設を目指していたが、江原氏の計画は頓挫。

一齣《ひとこま》として出会ったわけですが、それから三十七年ぶりに再会して、腹を割って、胸を開いて、そして頭の中も見せ合って、こういう対話ができたということは、お互いにそれぞれの犬棒人生をちゃんと犬棒として生きてきたんだなと。棒に振ったわけじゃないと。ちゃんと棒に当たってきた。

江原　はい。私にもしっかり当たりました。ありがとうございます。

（二〇二四年三月五日　於：熱海の江原氏邸）

第三部

【鼎談】

上智大学グリーフケア研究所名誉所長

江原啓之×鎌田東二×髙木慶子

この世のすべてはギフト

◆過去の食い違い、そして相互理解へ

本書第一部で、鎌田さんは次のような発言をしている。

《日本スピリチュアルケア学会が設立されたのが二〇〇七年で、二〇〇四、五年から設立の準備をしていました。その中心をなす人物が聖路加国際病院の日野原重明さんと、後に上智大学のグリーフケア研究所の所長になる髙木慶子さん、そして、淀川キリスト教病院の柏木哲夫さんと関西学院大学と聖学院大学の教授でスピリチュアルケアの第一人者であった窪寺俊之さん。日本でスピリチュアルケアを学術的に医療現場の中心にしようということで設立されたわけですが、その主立った方々には、美輪さんや江原さんの提唱する「スピリチュアル」と一線を画したいという気持ちがあった。自分たちは学術的に、また医療の現場で実際応用できるような形でやりたい、ついては、メディアに突出している二人の世界とあえて切り分けたいという強い気持ちがあったわけですね。》

鎌田さんはこの日本スピリチュアルケア学会が「美輪さんや江原さんの提唱する『スピリチュアル』と一線を画した」ことに対してずっと違和感を抱えていたのは第一部にある通り。

それが今年（二〇二四年）、同学会の設立者の一人である髙木慶子シスターから、シスター自身も誤解していたことで、いつかきちんと江原さんと話をしたい気持ちがあると伝えられた。そこで鎌田さんが仲立ちとなり、江原さんと髙木シスターの対面が叶うこととなった。

髙木慶子（たかきよしこ）
熊本県生まれ。聖心女子大学文学部心理学科卒業。上智大学神学部修士課程修了。博士（宗教文化）。現在、上智大学グリーフケア研究所名誉所長。「生と死を考える会全国協議会」会長。「兵庫・生と死を考える会」会長。一般社団法人グリーフケアパートナー理事。援助修道会会員。「日本スピリチュアルケア学会」元理事長。三十数年来、ターミナル（終末期）にある人々のスピリチュアルケア、及び悲嘆にある人々のグリーフケアに携わる一方、学校教育現場で使用できる「生と死の教育」カリキュラムビデオを制作。幅広い分野で全国的にテレビや講演会で活躍中。著書として、『喪失体験と悲嘆――阪神淡路大震災で子どもと死別した34人の母親の言葉』（医学書院）、『大切な人をなくすということ』（PHP出版）、『悲しみの乗り越え方』（角川書店）、『悲しんでいい――大災害とグリーフケア』（NHK出版）、『悲しみは、きっと乗り越えられる』（大和出版）『それでもひとは生かされている』（PHP研究所）『それでも誰かが支えてくれる』（大和書房）、『「ありがとう」といって死のう』（幻冬舎）、最新刊『グリーフケア・スピリチュアルケアに携わる人たちへ――ケア者のための必読書』（クリエイツかもがわ）など多数。（一般財団法人　全人力を磨く研究所　HPより）

鎌田　髙木慶子先生は、ホスピスやターミナルケア、スピリチュアルケア、グリーフケアなどに長いこと従事されてきましたが、改めてスピリチュアルケアに関する学問的、かつ公共的な運営ができる機関をつくりたいということで、二〇〇四、五年くらいから日本スピリチュアルケア学会設立の準備をされていました。その結果、日野原重明先生を理事長として日本スピリチュアルケア学会ができたのが、二〇〇七年です。

その創設の経緯の中で、学会は、江原啓之さんや美輪明宏さんの提唱する「スピリチュアル」と一線を画すという方針を出したわけですが、そこにはお互いの考え方にすれ違いがあったように思います。

設立の準備をしていた頃から今年で約二十年ですね。その節目にこの二十年を振り返って、日本におけるスピリチュアルケア、あるいはそれ以前から江原さんや美輪さんがされてきたスピリチュアルヒーリングと学会あるいは髙木慶子先生との間にどのような食い違いがあったのか、今日はその辺のことをお互いに胸襟《きょうきん》を開いてお話ししながら、今後の相互理解を深めてまいりたいと思います。

髙木　まず、「日本スピリチュアルケア学会」について、設立者の一人である私から説明させていただきます。同会の設立は二〇〇七年ですが、二〇〇四年に、私が設立のために多方面の方々に声をかけたのですが、賛同してくださる方がなく、その時点で日野原重明先生に相談いたしました。日野原先生宛てに学会設立の目的、理念について手紙を書きました。その手紙は今でも残っていて、そこで書いた理念・精神が学会の会則★1になっています。

その約三年後、いろいろな方々との相談の結果、二〇〇七年三月、第一回発起人会を開催することができ、その年の十月には第一回の日本スピリチュアルケア学会学術大会を神戸で開催することができました。発起人会には三十二人の各分野の先生方にご参加いただき、私にとっては、涙が出るほどの感激する場面でした。

その後、多くの先生方から入会の申し出があり、この学会が時代のニーズに即したものであることを実感しました。鎌田さんがお名前を挙げられている柏木先生や窪寺先生も、私からお声をかけて入会していただいた方々です。設立までのいきさつは、決して易しいものではなく、いろいろと困難もありましたが、キリストは復活される前に、受難と十字架上の死がありました。この学会が多くの人々の至福になるためには、そのような苦難の道も歩かなければならないのかと実感しました。

その設立にあたり、江原啓之さんや美輪明宏さんに対して、新たに設立する学会との違いを強調しすぎたために、多くの方々に、私がお二人を否定しているようにとられた面もありました。しかし、私の思いは否定するということではまったくなかったのです。

私には、自分が絶対正しくて誰かが間違っているという考えはないのです。私が絶対だと思ってしまったら、神様に嫌われてしまいます。私の考えはこうで、私の生き方はこのようですが、あなたの生き方はそうなのですね、それでいいですと肯定していく。でも違

★1 《本法人は、すべての人びとがスピリチュアリティを有しているという認識に基づき、スピリチュアルケアの学術的・学際的研究及びその発表と実践とを通して、本法人の会員の資質と実践の向上を図るとともに、スピリチュアルケアを含む全人格的なケアが社会のあらゆる場面で実践されるよう推進することを目的とする。》(同会「定款」第二章第三条より)

いはきちんと認めていく。そういう考え方を幼いときからしてきました。

私が「日本スピリチュアルケア学会」を立ち上げたかったのには二つの理由があるのです。それは江原さんたちのような、カリスマティックというか、特別な能力を持っていらっしゃる方々——東北のイタコとか沖縄のユタの方たちもそうですね——のケアによって多くの人たちが平安と喜び、幸せを感じていらっしゃる。それはとても大事なことだし、私はそういう方々を認めています。でも、そういうスピリチュアルケアというのは、私たち普通の者にはできないのですね。

だから、そういう特別な能力を持っていない私たちがどういうふうにしたら魂の痛みや疼《うず》きをケアすることができるのか、それを学術的に研究して、いろいろな方の意見を吸い上げながら一つの学会をつくりたいと思いました。その中で強調したかったのは、私たちは絶対ではない、スピリチュアルケアに関するいろいろな分野を認めながらやっていきたいということだったのです。

そして、もう一つ大事なことは、スピリチュアルケアは決してターミナルケアのときだけのものではないということです。多くの方々は、終末期の死の恐怖がスピリチュアルペインで、それをケアするのがスピリチュアルケアなのだと思っていらっしゃいます。でも、三十七年間、ターミナルケアをしてまいりました私の経験からすると、多くの方々は、ご自身が幼いときから持っていた罪悪感を未解決のままに引きずってきていて、死を前にしたときに、「あれは悪かった、これは悪かった」とおっしゃる。つまり、スピリチュアルペインというのは、その人の人生の中の未解決な罪悪感なのですね。

ですから、スピリチュアルペインというのは決してターミナルケアだけにあるのではなく、幼いときからそれを感じているものなのです。それを私は申し上げたかったのですね。私たちは幼いときからなにかしらのスピリチュアルペインを持っていて、それを終末期にまで持ち越している。そして、そのスピリチュアルペインを解決するために精神性を高めていく。精神性を高めることによって、自分自身の悪いことにも気づきあやまることもでき、お互いが平安になり世の中も平和になる、そういうことだったのです。

そういう私の考え方は、ほかのスピリチュアルケアに携わっている方々とは違うのだということを申し上げたかったのですが、そのことで江原さんやいろいろな方々に苦しみを与えてしまったこと、まずはお詫びしたいと思います。

鎌田　ありがとうございます。三十七年間のスピリチュアルケアの中で、髙木先生がどういうふうにスピリチュアルペインと向き合い、それをどう理解してこられたかが分かりました。スピリチュアルペインは、ターミナルケアの場面だけではなくて、幼い頃からの日常生活において感じていた罪悪感が積み重なり、連鎖していって解《ほど》けなくなる、そういうものがもとになっている。

そしてそれを、カリスマ性を持っていないけれどこの領域に関心のある医療従事者の、看護師さん、お医者さん、それから臨床心理士、大学の先生たちと一緒に研究していきたいという思いがあった。そこでより公共的な、誰もが検証可能なケアの在り方を話すことのできる学会を求められたということですね。

ヒーリングやカウンセリングに従事されている方はたくさんいらっしゃいますが、その中でも美輪明宏さんと江原啓之さんは、当時『オーラの泉★2』などに出て、突出したカリスマ性、特異な個人の能力をもって対処されてきた。そして、沖縄から北海道に至るまで、全国各地にそういう霊的な能力を持った方々もいる。

髙木先生ご自身は、そういう方々に対して、その存在を違和感なく多様な形で認めておられても、学会の動きの中ではいろいろな受け止め方、アクセントの付け方、あるいは主張の仕方などさまざまな意見があったのは間違いないことだと思います。実際、そうした受け止め方の中には、美輪さん、江原さんにとっては謂《いわ》れのない非難もいくつかありました。

今日はお二人に忌憚《きたん》なくお話しいただき、相互理解ができればと思います。

江原　鎌田先生のお導きで、髙木先生に今日お目にかかれて、本当に感謝しております。

髙木　こちらこそ。

◆スピリチュアルは魔法ではない

江原　いま鎌田先生もおっしゃってくださいましたけれど、私の視点は真逆なんです。世間一般に、これはメディアが原因だと思いますけれど、ものすごく特異なとか、カリスマ性があるとか、そちらばかりをクローズアップされてしまったんですね。

私はいろいろな講演でも話すのですけど、たしかに私は生まれながらにある種の特異な能力は持っています。でも、私は魔法使いではありません。この差を理解していただかな

★2　二〇〇五年四月から二〇〇九年三月まで（レギュラー放送）、テレビ朝日で毎週放送されていたトーク番組。出演者は、美輪明宏、江原啓之、国分太一。

いと困るんですね。
それでも、多くの人は私に「オズの魔法使い」のような魔法を望むんです。たとえば、この世を去る人の魂を引き止めることはできません。ただ、その人の生きてきた意義とか意味とかは視ることができる。医療で言えば、レントゲンなんです。ある病理を発見するための道具ではあっても、治療はできない。治療はお医者さまがすること。

鎌田　見立てや診察はできるけど、治すことはできない。

江原　そうです。要するに、私はレントゲン技師のようなものなんです。ですから、私自身は上に立って治療しようなんてひと言も言っていないんです。でも、メディアの力もあって、世の中ではむしろ違う視点で捉えられてしまいました。いまとなれば、すべてが理解できるようになり、こういう場を与えていただいて、大変感謝しています。
ただ、私の若い頃は、やっぱり傷つくことが多かったんですよね。

鎌田　美輪明宏さんもそうだったと思います。第一部でお話ししたように、私は十七歳のときに、美輪さん（当時は丸山明宏名義）の『紫の履歴書』を読んで熱烈なる論文を書いたのですが、それは美輪さんの生き方、在り方に対する尊敬の念を強く持ったがゆえなんです。それ以来、美輪さんに対しては尊敬の念をずっと失わずにいまに至るのですが、それ

だけにスピリチュアルケア学会が立ち上がったときの、学会の美輪さん、江原さんに対する受け止め方には複雑な思いがありました。
　でも、いま江原さんがおっしゃったようなところがはっきりと皆さんに共有されていなかったので、いろいろな思いや言葉が行き交ったのだと思います。そういう中で、江原さん、美輪さんには傷つくような言葉の端々が聞こえてくるとか、いろいろなことがあったと思います。そういうある種特異な力というのは、生きていく上で誤解を受けやすいですよね。それは私にもいくらかあり、高木先生にもおありですよね。
高木　いえ、自分では分からないのですよ。
鎌田　高木先生もカリスマ性を持っておられますから、やはり理解もされるし、誤解もされる。江原さんも支援者からは理解もされるけど、一般の人たちの誤解も深い。
江原　マスコミなどはあえて理解し合わない方向を選んだと思うんですよ。もめさせたほうが雑誌などは売れますからね。
　そもそも私がなぜこういう道に入ってきたかというと、やはり一番の要因は両親が早くに亡くなっていることですね。父が四つの頃で、母は十五のとき。それから一人で生きてきたようなところがあるわけですから、ある意味でスピリチュアルペインをずっと抱えてきたのだと思います。
　そこで、自分自身の特異な能力に救われたことも確かにあります。でも、それは副産物にすぎないんです。鎌田先生には國學院大學で教えを受けましたけれども、実は國學院在学中に、私は聖フランチェスコを描いた映画★[3]を観て大変に感動して、第二部でお話ししたように、アッシジにも行きました。それからサン・ジョバンニ・ロトンドのピオ神父のところにも行きました。ピオ神父も特殊な能力をお持ちであったがゆえに、苦しんでこられたのですよね。
髙木　そうですね。
江原　ピオ神父は、ローマ・カトリックからもかなり厳しい目にさらされていましたから、そうしたことからも私はすごく共感したんです。さまざまな非難を受けながらも、イエス様を信じてそのもとで生きていこうと誓っているピオ神父のような方がいらっしゃるということに感動しました。ですから、そもそも私は神道よりもイエス様を信仰する気持ちのほうが強かったんです。

高木　ああ、そうでしたか。

江原　あるとき私がクロスをしていたら、あるマスコミの人が、神職でありながらなんで十字架なんかしてるんだ、というんですね。私はこう答えました。いや、私はこれはファッションや何かでやっているのではない。イエス様を磔《はりつけ》にしたという自分の罪をいつも感じられるようにしているのだ、と。

そういうところからスタートしていますから、キリスト教への思いは強いんです。ですから、寄附やボランティアなどにも積極的に関わりたいと思っているのですけど、あるとき、病にかかっているお子さんとその家族をサポートするためのあるグループに寄附しま

★3　『ブラザー・サン シスター・ムーン』。聖フランチェスコの半生を描いた映画。監督：フランコ・ゼフィレッリ、主演：グレアム・フォークナー、製作：イギリス・イタリア。一九七二年公開。

すと申し出たら、断られました。
髙木　それはなぜ断られたのですか。
江原　要するに、あなたの売名行為に乗っ取られると。
　ある大学の先生からは、「スピリチュアル」という言葉を使わないでくれという手紙も来ました。なぜなら、我々のスピリチュアルケア、スピリチュアルペインなどの研究に邪魔だ、余計なことをするなと言うんです。
　そうかと思えば、非常に理解のあるお医者さまから頼まれて、ある雑誌で緩和ケアについての連載を引き受けたのですが、私の連載を読んだ緩和ケア・ホスピス界の某先生が、この連載を続けるなら、その雑誌の不買運動をすると言ってきて、やむなく二、三回で連載が打ち切りになったこともありました。
髙木　ずいぶんと苦しいときをお過ごしになったのですね。
江原　緩和ケアもそうですけれど、死の臨床学会やホリスティック医療の学会などの講演にも呼ばれて行きました。要するに、客寄せパンダのように使われるんですね。
　一方では、ある雑誌の対談で、日野原先生との対談の企画があったのですけれど、日野原先生から考え方が違いますからということで断られてしまった。だから、残念なこと続きで。

鎌田　その意味でも、今日は画期的な場になりますね。

髙木　日本スピリチュアルケア学会を立ち上げて、時が経てば経つほど、江原さんと美輪さんにごめんなさいと言わないといけないという思いが、私の心の中にだんだんと湧き上がってくるのですよ。

なぜかと言えば、学会の人数が増えてくればくるほど、江原さんたちを否定なさる方が出てくるのです。人の考えはさまざまで、決して私の思い通りにはならないと思いますが、しかし、その中での問題が多く見られ、私も自分で創設した学会を退くことになりました。

鎌田　私は髙木先生をずっと尊敬してきて大切に思っていますが、髙木先生ご自身も実は江原さんと似ていて、先駆者、預言者的なんですよ。そういう性質を持って生まれてきたので、もしなんらかの機会があったら、髙木先生もそうした霊性や力を発揮し生かすような場面があったかもしれない。

髙木家は、浦上《うらかみ》キリシタンの中心人物であった仙右衛門★4さんから二百五十年以上続く筋金入りのキリスト教徒ですから、髙木先生はキリスト教という文化の枠の中でずうっと生まれ育ったわけですね。しかもご自身、少女時代にイエス・キリストのメッセージを受けている。中学一年、十二歳の頃でしたか？
髙木　中学二年生です。
鎌田　中学二年生のときに熊本城の前を歩いていたらイエス様の声を聞いたということが最初の神様との鮮烈な具体的接点だったわけですね。そういう意味でも、非常に江原さんや美輪さんと共通の基盤を持っている。

◆スピリチュアリティとは魂である

鎌田　ここでちょっとお二人に確認しておきたいことがあります。まず、スピリチュアルケアとかスピリチュアルペインというときの形容詞的な言い方の「スピリチュアル」や「スピリチュアリティ」という名詞にはいろいろな日本語が当てられていますが、この辺りをどう考えているのか、まずお二人の考えを伺って、それに対する自分の考えを述べたいと思います。
江原さんからまず。
江原　スピリチュアリティをどう訳すかというのは非常に難しいことだと思うのですが、

私の場合は神道を学んでいますので、そこからするとやっぱり「魂」なんですよね。魂というものもまたどのように理解していくかというところが難しいのですけれども。

神道の中では、魂、御霊《みたま》といっても、和魂《にぎみたま》とか荒魂《あらみたま》とか、いろいろ分かれるわけです。ですから、人によってそれぞれ魂についての捉え方はさまざまだと思いますが、ざっくばらんに言うと、「魂というものは永遠である」。私はただただ単純にこのことしか言っていないんです。それがすべての救いになると思って活動している。ですから、なにも難しいことを言っていないし、やっていない。私が言ったりやったりすることが、メディアを通して魔法のように見えていることがあるかもしれないけれども、私は首尾一貫して、「魂は永遠であって、この世ですべてが終わるわけではない」ということしか言っていないん

★4　たかきせんえもん　一八二四〜九九。浦上キリシタンの代表格。高木慶子の曽祖父。元治二（一八六五）年、浦上を訪れていたフランス人宣教師、プチジャン神父に信仰告白。江戸幕府のキリシタン弾圧（浦上四番崩れ）により、慶応四（一八六七）年六月津和野に流され、悲惨な拷問をしのぎ、明治六（一八七三）年、弾圧停止とともに浦上に帰り、村の立て直しに着手。浦上天主堂や十字架山の土地購入に奔走、また伝道士として隣人に教理を説き模範を示して信仰に導いた。（髙木慶子『髙木仙右衛門に関する研究――「覚書」の分析を中心にして』思文閣出版、二〇一三）

です。

そう考えると、病の見方から人生の見方から全部変わってくる。その人の人生にはすべて自分自身が映し出されていることが起きるから、人によっては苦しいと思ったり、人の幸せを見て羨むこともあるかもしれないけれど、その人生は自分自身に与えられた学びであるということなんですね。

だから病一つとっても、病を憎むのではなくて、この病から何が得られるのかと考える。つまり、すべてがギフトであるという考え方です。それができたら、どのような立場の人も人生は天国になると思うんですよ。だけど、それを伝えても伝えても、レントゲンを使っても伝わらない人もいる。

鎌田　江原さんを魔法使いのように思って、なんでもしてくれると思っちゃう。

高木先生にとっては？

高木　私はそれに付け加えることは何にもございません。私が思うのも、江原さんとまったく同じなのです、本当に。いま江原さんは「魂」という言葉をお使いになりましたけど、私も日本語にするならば、「魂」という言葉だと思います。そして、魂というのを一人一人が持っていて、その表現は一人一人違ってくる。でも、それでいいのだ。ただ、魂を持っているということが大事なのですね。

その魂が、自分のしていることに対して、いいことだなあ、悪いことだなあと。またいいことをしたときに、にこにこっと笑って、誰にも知られないで心ひそかに喜んだり、悪いことをしたときに、人知れず涙を流す。人間が生きていくというのは、魂の動き、働きなのだろうと思います。魂は永遠に生きていくという。

だから、私が江原さんをすごく尊敬するのは、江原さんがどういう言葉をお使いになろうとも、マスコミがどういうふうに言おうとも、常に人に喜びと幸せを与えていらっしゃるからなのですよ。そこが一番大事なこと。なにより、人間は幸せのためにつくられているわけですから。

でも、この世の中で私たちは学ばないといけないことがいっぱいあります。病気であろうと、苦しみであろうと、非難されることであろうと、否定されることであろうと。そういうものをいっぱいいっぱい学びながら天国に行くのですね。同じでしょう?

江原　はい、同じです。ただ、先ほど申し上げたように、いろいろな講演会に呼ばれて行きましたけど、いつもその場を白けさせてしまい、「ああ、また、やってしまった」と思うことだらけなんですね。

鎌田　そうなんですか？

江原　はい。でも、「白ける」というのは、いまは何かがっかりすることのように使われていますけど、「明らかにする」という意味もある。だから、白けさせるのは本当はいいことなんですけどね。たとえば、ある学会で専門家の先生たちがいろいろな講演をなさって、最後に私が出ていっていままでの議論をぶち壊すようなことを言って、聴いている皆さんを惹きつけてしまうことがあります。そうすると先生方としては面白くないですよね。でも、やはりその人の生き方をすべて見せることで、聴いている人たちも心を開いてくれるんですよね。

髙木　そうそう。

江原　これって、教科書で学ぶことではなくて、その人がいままでどういう思いで生きてきたか、祈ってきたか、学んできたか、傷ついてきたか……私は「喜怒哀楽」と言っているんですけど、やっぱり傷つくこともしないと傷つく人の気持ちとか傷つける人の気持ちも分からない。だから、いまになれば本当にいい勉強をしてきたと思っています。

もっと若い頃は、なんでこんな目に？　って、恨んでみたりもしました。だけども、すべては学びなんですね。すごく傲慢な言い方を許していただければ、すべての人は寂しいんだということですね。だから、ジェラシーで私のことを否定してきたのかなと思うし、一足飛びに皆さんもカリスマになりたいのかもしれないとも。でも、カリスマになっている人は、カリスマになろうと思ってなってないんですよ。

高木　そうなんですよねえ。

江原　真心でただ向き合うだけ、精いっぱい愛するだけ――そうすることで、ああ、この人には、って心を開いてくれるじゃないですか。力ずくで開かせようとして開くものではないと思うんですよ。

鎌田　逆に閉じちゃう。

江原　ですから、私を否定してこられた方たちは、自分の領域を守るのに必死だったり、あるいは寂しさを感じていたりしたのかもしれないと最近思うんですよ。傲慢でしょう。

高木　いえいえ、傲慢じゃない。

鎌田　では、私の考えを。スピリチュアルというのは何かという問いに対して、私自身は、基本的にフィジカルで感じられない領域、感覚、つまり目には見えない、あるいは耳には聞こえないけれども、存在するものをキャッチできることだと思っています。それは声のように聞こえてくる場合もあるし、夢の御告げのような不思議なヴィジョンで見えてくることもある。あるいは、気配のようなもので感じることもある。

そういうさまざまな現れ方をする。それは実に多様なので、「これだ」と限定することができない。でも、確かにスピリチュアルな領域がある。それを我々は知らず知らずキャッチしている、どんな人もそれをキャッチしながら、生活の中に組み込んでいたり、生き方の中でそういうふうなものを踏まえて行動しているのだけれど、それをスピリチュアルだと自覚している人はそんなに多くないかもしれない。でも、間違いなくスピリチュアルなものが働いている。

それから第二部でもお話ししましたが、大事なことは身体はうそをつかないということです。たとえば、私ががんであるということは、レントゲン、あるいはＭＲＩやＰＥＴ検査で実証的に理解できる、フィジカルなかたちでね。

もう一つ、身体はうそをつかないのだけれど、心はうそをつくんですね。隠したり、見栄を張ったり、大丈夫だと言ったり、ジェラシーを持っていたとしても、全然私はそういうものはありませんよっておくびにも出さないこともある。心の内では羨んでいても、あるいは相手を否定する心があっても、おべんちゃらを言ったりすることもあるわけじゃないですか。

そうやって心はうそをつくんですけど、うそをつくのもギフトだと思います。うそをつくことができるということは、逆に、真実に目覚め得るという可能性、ポテンシャルを常に持っていることなので、裏腹なんですね。

でも、魂はうそをつけない。だから、うそをつかない身体とうそをつけない魂は、うそという領域ではなくて、いつも真実というか、ありのまま、あるがままの真実・実相に向き合っていて、絶対にごまかせない。フィジカルなレベルもそうだし、スピリチュアルなレベルもうそをつけないんですから。

もし、うそをつけないのとつかないのに違いがあるとすれば、ある種の倫理性というのか、その人の生き方とか、存在の在り方そのものがうそをつけない自分を生み出しているんですよね。あるいは、自分の背後にあるもの、そのつながりの中でうそをつけない部分がある。死ぬときにそれが一番よく出るわけでしょう。だから死ぬときのテーマは和解になるんですよね。実際、いまの私の大きなテーマは和解だと思っています。

まさにキリスト教が伝えてきた愛と赦しがないと本当には和解ができないんですね。今回、このつながりの中で、和解ができたとすれば、愛と赦しがそこにあるから成立する。

では、その和解の源は何かというと、自分の魂を貫き、それを支え、働かせているもっと大きな力なんですよね。だからうそをつけない自分は、自分だけで成立するわけではなく、もっと大きい力の中で、神道的に言うと、大きな産霊、純粋な産霊があって、そういうものの中で働くわけです。神様であるとか、大日如来の力であるとか、そういうものの中からうそをつけない自分という存在性が現れ出てくる。これをみんなが持っている。特別の人だけが持っているわけじゃない。みんな、うそをつかない身体とうそをつけない魂を持っている。それでも、うそをつく自分は個性的であって、ここが面白いところなんですよ。

そういうふうに見ると、どんな人もすごくユニークで、多様で、たとえうそをついても、いずれうそをつけない自分がそれを見ているし、最後の最後までそれはペインとしてどこかにじくじくと蓄積していく。だからそれを手放すというか、和解をしていくためには、自分がそういうことに気づいて、それを大きなものへ溶かし込むというか、溶けていく何かがないと、いつまでもうそをついている自分を手放せない、むしろ責めてしまう。あるいは閉じてしまうわけですね。本当に閉じてしまうと、人の愛も分からないし、自分自身の中にある本当のありようも、息吹も出てこない。

先ほど江原さんが言われたように、すべてはギフトだと私も思います。ただ、人生を生きていると、なんで私だけが傷つかなくてはいけないのかと反発したり、否定したり、なんとかしようとあくせくしてしまうこともある。心はあくせくするんですよ。傷つくのは心だから。でも、そんなレベルでは魂は傷つかない。

だから、傷つくことには意味がある。それは諭《さと》し、メッセージなんですね。だから傷つくこととか、うそをつくこと自体を人間ができるのはすごいことだとも思える。逆説的ですが、恵みでもあります。たとえばこんなちっちゃい子どもでも、お母さんのことを考えて、相手を気遣ううそをつくことだってある。すごいですよ。相手を攻撃するうそのつき方もあるけど、相手を守るうそのつき方もある。この両方は見事に使い分けられています。そういうことを私は、スピリチュアル、スピリチュアリティ、あるいはスピリチュアルペインまでちょっと関わりましたけど、そんなふうに思っております。

◆「サムシング・グレート」をキャッチする

髙木　今日鎌田先生のお計らいでこういう和解の場を設けていただいたわけですが、でも、すでに私たちにはお互いを理解していたのだと思うのですよ。そうでなければ、江原先生に私が会いたいと言ったときに、「はい」とは言っていただけなかったでしょ？

鎌田　そうですね。伝わるものがあったんですね。

髙木　本当にそう思うんですね。和解しようとか、悪かったなとか、こうだったから相手を傷つけてしまったのだろうといった思い、それがスピリチュアリティなのだと思うのです。江原さんと鎌田さんのお話を聞きながら、DNA研究の第一人者の村上和雄★5先生の言葉を思い出しました。精密な顕微鏡で初めて見ることができるDNAの中に、ものすごい数の記号が刻まれている。こんなことは人間には絶対にできない。この記号を書いたのは、「人知を超えた大いなるもの」で、それを「サムシング・グレート」という言葉で村上先生はおっしゃったのです。そこで神とか仏とかという言葉をお使いにならなかったのは、学者に対する尊敬であり、宗教者に対する尊敬だとおっしゃっていますが、私たちにはそういう世界があるのですね。

要するに、人知を超えた世界の部分がある。そうであるのに、そういうスピリチュアリティ、神が私たちに与えてくださっているいろいろな賜物《たまもの》の中に生きていることに気づかないことが、まさに「危ない！」のですね。見えるもの以外に大いなるものがある。そういうものによって私たちが生かされているし、生きている。そういうものに気づき、キャッチするものが、自分の中にある、それがスピリチュアリティだと思います。

　こういうすばらしい世界に生きていることに感謝しようねとか、あんなにすばらしい人に出会えたことに感謝しようねとか、自分ではどうしようもないものに対する感謝の心。あるいは病気になって、この病気から自分は何を学ぶのかということも、スピリチュアリティを持っていれば、それを問うて、学んで、理解できるのですね。

　それがいまの時代には少なくなっている。見えるものの世界だけなのです。だから、人に見られなかったら、知られなかったら、どんな悪いことをしても構わないというような価値観の中にある。これが本当にそれこそ危ない世界に来ているのではないか。私たちが目に見えないものをキャッチできないことが危ないということだと思うのですね。

★5　むらかみ かずお　一九三六〜二〇二一。一九六三年、京都大学大学院博士課程修了後、同年米国オレゴン医科大学研究員。米国バンダービルト大学医学部助教授などを経て、七八年筑波大学応用生物化学系教授に就任。八三年には昇圧酵素「レニン」の遺伝子の全暗号解読に初めて成功。遺伝子工学の分野で世界をリードした。筑波大学を定年退官したのちに参加したイネゲノム解読の国家プロジェクトで、遺伝子の完全解読を世界に先駆けて成功させた。

◆「祈り」は人間が体験できる最高の恵み

高木　ちょっと話がそれますが、この数年の間に自分のスピリチュアリティということですごく感じたことがあります。それは、本当に私自身が、どうしてこういうことがあるの？　というようなことがあったのですね。そのときにずうっと聞こえてきた声は、父と母の声なのです。

先ほど鎌田さんが少し触れてくださいましたが、私の曽祖父である髙木仙右衛門は、長崎の浦上の潜伏キリシタンで、江戸末期に捕らえられて津和野《つわの》の牢獄へ入れられました。そこでありとあらゆる拷問を受けた後、明治になり禁教令の解除によって釈放されて長崎に帰り、大浦天主堂を建てた人物の一人ですね。その孫である父が私に言うのは、「拷問を受けて亡くなった方々のためだけに祈るんじゃないよ。拷問を与えた人のためにも祈るんだよ」と。それを子どもの私は、自分をいじめた者や私に悪口を言った者のために祈れということだと思っていました。それで「でも、お父さん、むずかしいのよ、そんなのは」と言ったことがあったのですね。「だから祈るんだよ。やさしいことだったら簡単に祈れる。むずかしいから祈るんだよ」と言われましたけれど、当時はそれもまだよく分からなかった。

でも大人になるにつれ、両親が言っていたことが理解できるようになりました。それを実行することはとてもとてもむずかしいことでしたが、ある問題ができ、私自身が裏切られたと思うことがありました。その裏切られたと思う方に私のほうからあやまりに行ったのです。そのときに私は祈り通しました。この方からされたことに対しては、私の感性においては受け止めることができないけれども、父と母が盛んに、拷問を受けた方のためだけではなく、拷問をした方のためにも祈りなさいといった言葉は、こういうことなのだなと分かりました。神様、私にもできますよね、その恵みをくださいと必死に祈ったら、できたのですよ。

祈っていると、その方に対する恨みつらみも何も出てこないで、ずっと祈り続けられる。すごく気持ちよく。ああ、そうなんだな、本当に神様は私たちとともにいてくださる。そして私は祈ることができた。そしていま、私の感情に何が残っているかというと、何も残っていない。さっぱりしていますね。これは人間が体験できる最高の恵みだと思います。

何を言いたいかというと、江原さんは、もっともっとご自分のことをおっしゃっていいと思ったのですよ。こういう恵み、賜物、カリスマをいただいていると。それをマスコミが変なふうに演出するのではなく、ご自身から、自分はこういうカリスマ、能力をもらっているよ、ということを伝えることが江原さんの使命じゃございませんか。

私は一人の人間だよ。魔術師じゃないいんだよ。ただ、レントゲンを撮れるのだよ、と。

江原　まさにそのとおりで、私自身もさまざまな経験をしてきました。でも、やっぱりいまだからかもしれませんけど、シスターがおっしゃったように、すべてにおいて感謝なんですよね。これは一般の方が聞いてなかなか理解できないかもしれませんけれど、私はすべてがギフトだと思っていて、先ほど言った一番のスタートラインにある、私の両親が早くに亡くなったというギフトがなければ、いまの私はないいんです。だから、すべてにおいて感謝でしかないいんです。

鎌田　江原さんは特殊なレントゲンを撮る能力があると言われましたが、江原さんのもう一つのギフトは、音楽、芸術です。

髙木　オペラ歌手なんですものね。

鎌田　私はこの前、『ニングル』の初日を観に行って、この人は、ごまかさずに、うそをつけずに楽しく生きてきたというのが、彼の音楽、歌、歌唱を通して感じました。その後、鶴の恩返しを題材にした『夕鶴』のＤＶＤを送ってもらいましたが、それもオペラです。いま日本語でオペラを演じて、客を動員して、商業的に成立させるのはなかなかむずかしい。赤字になってしまうことも多いのですが、それでも江原さんは自費も投じつつ、周りの人たちを説得しつつ、寄附を募りつつ、三十年ぐらい継続している。

江原　ずっと歌っています。

鎌田　髙木先生もぜひ見てください。恵みですよ、すごいギフト。美輪さんも、「ヨイトマケの唄」をはじめ、歌を歌うことによってどれだけの人に、悲しみも含めて力を与え、浄化する作用をもたらしたか。そうやって人々を救い、幸せを感じさせる流れを生み出してきたことを考えると、やはり恵みへの感謝の大きな力というのは一つだけではないのだなと思います。

江原　いま鎌田先生のお話を伺っていて、やはり私の出発はそこだなと思うのは、私は、すべてにおいて傷つくことがないとどうも前へ進まないみたいなんです。私は小さいときから音楽が大好きだったんですけど、両親が早くに亡くなったがために、音楽の道に進むことができなかった。音楽教育はお金がすごくかかるんですよね。

髙木　確かに。

江原　でも諦めることができずに、十八、九歳の頃、とても有名なオペラ歌手の先生の門を叩いたんです。その先生の本には、大変苦労なさってオペラ歌手になったということが書かれていたので、この先生ならもしかしたら話が分かってもらえるかなと思って行ったんです。そうしたら、先生から出た言葉が、「江原君、お金も才能なんですよ。あなたの声ぐらいの人はいっぱいいるから、あなたがそれで食べていくことはできません。諦めなさい」って。いまでも忘れませんが、泣きながら帰りました。もう音楽の道へ進むことは無理なんだと、自分の人生を呪いました。

でも、不思議ですね。私、よく言うんです。私には二つのご飯が必要だと。一つは食べるご飯、もう一つは歌うご飯、音楽のご飯。どんなに苦しいときでも、自分の心の中でいつも歌ったり口ずさんだりしながら乗り越えてきたんですね。

髙木　そうでしたか。

江原　それが大きく変化したのは三十歳になってからです。自分の子どもに音楽教育をさせてあげたいと思って大きな音楽教室へ連れていったんですけど、子どもはぐずってしまって、嫌だったんでしょうね。これはいけない、音楽は楽しむことだからと思って、自分も習うことにしたんです。そうしたら、私が開花してしまった（笑）。

鎌田　楽しんだのね。
江原　そうです。それで一からまた勉強したんですけど、いい先生との出会いなどもあって、武蔵野音大へ行ったりとかして、いまがあるんですよ。家族からは、遅咲き、狂い咲きと言われましたけど（笑）。
でも、その流れがあったから、いま歌えるんですよね。私なんかより何十倍も勉強して歌の上手な方はたくさんいらっしゃいますけど、祈りと一緒で、歌う人の気持ちがないと、どんなに技術があっても伝わらないし、面白くないんです。
髙木　本当にそうだと思います。先ほど申しましたように、江原さんは、お話であろうと歌であろうと、人に平安と喜びと幸せをもたらしていらっしゃる。それはすごいことだと思います。
鎌田　音楽の中には「楽」、楽しいということが根本的にありますが、同時に、「悲」、悲しみも深くあるんですね。
今回の「危ない！」シリーズで言えば、なんでこうなっちゃうのかという悲しみであるとか、我々が普段やっていることの足りなさとかも含めて、感謝する心と悲しむ心という、その両方を深く持っているじゃないですか。その深い悲しみというのは、音楽が一番ダイレクトに表現し、かつそれを転換する力を持っているんですよね。どんな文章でもそこまで深い悲しみを表現できません。だけど音楽は、ある旋律のパートを聴いただけで涙が出てくるじゃないですか。しかも、普遍性がある。国とか性別とか年齢も関係なく、ちょっとしたフレーズを聴くだけで、瞬間移動みたいに心が切り替わってしまう。そうやって瞬時に悲しみを感じさせるだけでなく、同時に浄化をする力を音楽は持っているんですね。

だから、音楽家にとっても作曲家にとっても、傷つくことはとても重要なギフトの一つだと思うんですね。そういうものを経験することによって深まり、よりスピリチュアリティの根幹にあるものが発現するということがあるじゃないですか。だから、負の経験ですら、ユーミンの歌ではないですけれど、すべてのことがメッセージ、恵みとして感じ取れてくる。

髙木　鎌田さんもそうですよね。私、大阪で鎌田さんのライブ・コンサートを聴かせていただいたときに、そのエネルギーのすごさにおったまげちゃったんです。驚いたというようなもんじゃなく、おったまげたという感じですよね。がんのステージⅣだと言いながら、どこ吹く風、ものすごいエネルギーでした。そしてまた、それを聴いていらっしゃる方々のエネルギーもすごいのですよ。私は、鎌田さんのもう一つの面を発見しました。

◆すべての縁に感謝する

髙木　これから話すことは、ちょっと傲慢に聞こえるかと思いますが、お許しくださいませ。先ほども申しましたように、私はキリシタン弾圧を受けた髙木仙右衛門の家系に生まれ育ちました。父方も母方もそうだったのですね。父も母も、自分たちが受けた血の流れ、歴史の流れの中で私を育ててくれたのです。その教育の一つが、先ほどの迫害を受けた方のためだけに祈るのではなくて、迫害を与えた人々のためにも祈りなさいということだったのです。

でも、いまから振り返ると、私の信仰はどちらかと言ったら護教的だったと思うのです。自分を守るというか。本当に若いときはそうでした。自分自身の信仰を守るために必死だったのですが、大人になるに従って、ことに修道生活に入ってからは、護教的ではいけない、多様性に開かないといけない、すべてを肯定できるような人を神様は望んでいらっしゃるのだということにだんだん気づいていくのですね。ところが、ほかの方々はそういう私を認め切れないのですよ。

鎌田　えー、そうなんですか。

髙木　カトリック教会の修道女はこうでなければならないのだというのがあるのですよ。「お弁当箱の歌」という童謡じゃないですけど、お弁当に入れるおかずは最初から決まっていて、その枠組みの中にいなければならないのですけど、私はそのお弁当箱には入り切れないのです。皆さん、「入りなさい、入りなさい」と善意でおっしゃるのですが、結局、その方々にも枠があるから、私がその枠に入らないとその方にとって承知できないわけです。でも、入り切れない私にとって、そこで「はい」と言ったらうそになるから、言えない。だから、叩かれるわけですよ。でも、叩かれることが分かっている私には、それこそギフトなんですよ。

つくづく思うのですけれど、信仰というのは大きな大きなギフトなのですね。たとえば、個性というのは一人一人違いますよね。その個性のためにはどのくらい叩かれなければならないのか。神は私たちに自由にギフトをくださる。神様からいただいたギフトを大いに広げようとするのですが、それを受け止められない方が多いのですね。そこでなんだか自分は傷つけられたと思ってしまうのですが、そうではなくて、その中に生きている私たちは、ギフトを与えてくださったことに「ありがとうございます」と言って生きていかないといけないのだろうなと思います。ノーサンキューじゃないのですね。サンキューで留まらないといけない。私も、ときにはノーサンキューと言いたくなります。もう結構よ、と。でも、本当の神、大いなる方がくださるギフトは、たとえ一時期は困難だと思っても、それはきっと豊かになるための自由さにつながっている。それが大いなるギフトなのですね。

鎌田　そういう中にあって、「縁」というものにも、もう一つの不思議さが起こるわけですよね。みんながみんな同じように関係性を結ぶわけではない。傷つくことも特別な関係性だし、恵みを感じ取ったり、愛情を受け取ったりすることも特別な関係性、つまり縁だと思うんですよね。

私は、髙木先生、島薗先生という縁があったから上智大学にいることができた。上智大学には非常勤を含めると十年間いたわけですが、そこで感じたのは、私にとって髙木先生は真《まこと》のシスター、大姉様《おおあね》なのだということです。シスターというのは修道女という意味のシスターではなくて、姉様、それも小姉様《こあね》じゃなくて大姉様です。

最初からそれを感じたのは、何か同じ……。

髙木　感性が？

鎌田　魂ですね、うそをつけない魂の中に生きている。だから同じ星というのか、何かそういうのがあるわけですよ、人と人との出会いに。やはり、ずれてしまう人とは、どうやってもうまくいかないずれ方が起こってしまう。私が、これまで普通の人が見たら絶対おかしいと思うようなことを自由に、かつ喜んでできたのは、そういう縁が結ばれているからなんですね。こうした縁もすごく大きな恵みでしょう。感謝するしかない。

江原さんと最初に出会った三十八年前、私も若き非常勤講師だったわけですけれど、それが再び違ったかたちで出会い直して、こういう話を胸襟を開いてできるようになるというのは大きな大きな恵みですよね。

髙木　鎌田さんは私をお姉さんと思ってくださっているそうですが、私にとっての鎌田さんは、オーバーな言い方かもしれないですが、唯一魂が通じる方なんです。私、いろいろな知り合いがおりますけれど、中でも鎌田さんは、私の言葉をそのままキャッチしていただいている方だと思っています。というのも、私の痛みをそのまま受け止めていただいているなというのが伝わってくるからです。私たちはいろいろな方と話し合いをしますが、私の伝えたものをそのまま受け止めてくださったなというのが伝わってくるかどうかというのが、とても大事なことだと思うんです。

（鼎談会場となった）このお御堂《みどう》にはご聖体、神様ご自身がいてくださるのですが、その神様から今日、こうして江原さんと真のご縁をいただいたという感じで、本当に嬉しいです。江原さんと最初玄関で会った途端に、「ああ、この方なのか」と思いました。丸ごと、なんのうそもない、透明な方だと思いました。本当にお会いできてよかった。

江原　シスターにそのようにおっしゃっていただくと、なおのこと嬉しいというか、もとの出発点は聖フランチェスコだったし、鎌田先生もおっしゃったけれども、こんなことを私が言うのは傲慢ですけど、共通しているのは、みんな枠に絶対に収まらない。

鎌田　そうですね。

江原　それは共通していると思うんですよね。私の浅い知識で思うのは、イエス様をはじめとして、聖フランチェスコもそうだし、ピオ神父もそうだし、マザー・テレサに至るまで、みんな枠にはまらない方なんですよ。

◆魂はうそをつけない

江原　今日、シスターに最初にご挨拶したときにお聞きしましたが、シスターは遠藤周作先生と非常に親しかったそうですね。

高木　遠藤さんは電話魔で、そして私をちゃかすのが喜びだったのですね。
　遠藤さんは私のことを「マスール」とおっしゃるのですよ。マスールとはフランス語でシスターという意味の言葉です。遠藤さんはフランス語がとても上手でした。フランスに留学しておられたために私には最期まで「マスール」と呼んでくださいました。で、その日の夕方また電話がかかってくる。「マスール、あのね、さっき飲みに行ったら、女が僕と結婚してくれないかと言ったんだけど、どう思う」って。私も若かったから必死になって答えるわけですよ。「だって奥様がいらっしゃるじゃございませんか」「そうだよねえ。でもうちのかみさんはね、僕がいなくてもいいいんだよね。それでは、また……」って切る。本当に私をちゃかして面白がっているのです。
鎌田　翻弄されちゃう。
高木　ときには、『沈黙』や『深い河』★6について「マスールだったらどう思うかね」といった真面目な話をすることもありましたが、ほとんどはちゃかしでした。こっちもちゃかされていることがだんだん分かってきたので、あるとき「遠藤さん、悪いけど、もう電話しないでください。私の信仰を分かっているでしょう」って言ったら、「そんなに怒らないでくれよ。はっきり答えてくれよ」と言われました。そこで私は申し上げました。

「遠藤さん、もうちょっと祈ってください。祈りが足りないから迷っちゃうのよ。でしょう」って。

鎌田　そういうことをストレートに伝えられる人はそんなにいないんですよね。遠藤さんにとって、髙木先生とお話しできることは救いだったのだと思いますよ。

髙木　そうですかねえ。

江原　私、すごく間接的なご縁を感じるのは、実は私は佐藤愛子さんと親しくしていただいていて。

髙木　『九十歳。何がめでたい★7』。

江原　そうです、そうです。私が以前佐藤さんと電話をしているときに、私の霊眼に遠藤

★6　『沈黙』：キリシタン禁令下の江戸時代にひそかに来日した宣教師や、裏切りながらもその宣教師を追う日本人信徒を通して信仰の意味を問う物語（新潮社、一九六六）。後にマーティン・スコセッシによって映画化された（『沈黙―サイレンス―』二〇一六）。『深い河』：インドのガンジス河を舞台に、遠藤周作の生涯の大きなテーマである「日本人とキリスト教」の意味を問いかける最後の長篇小説（講談社、一九九三）。後に熊井啓によって映画化された（一九九五）。

★7　佐藤愛子のエッセイ集（小学館、二〇一六）。『九十八歳。戦いやまず日は暮れず』などシリーズ累計百八十万部を超えるベストセラー。後に監督：前田哲、主演：草笛光子で映画化された（二〇二四）。

周作先生が出ていらっしゃって、「佐藤さん、あの世はあったよ」と言うんです。生前、遠藤先生が佐藤さんに、もし先に死んだらあの世が本当にあるかどうかを知らせると言っていたそうなんです。

その佐藤愛子さんともいろいろな問題があったんです。なぜかと言うと、さっきの美輪さんと番組をやっていたことに対するジェラシーもあったと思うし、編集者の方に利用されたのもあると思うんですけど、突然、私の悪口本を書いたんです。

高木　ああ、そうでしたか。

江原　というか、大したこと書いてないんです。多分編集者が本を売りやすくするために、違うことを言っている中の一節として私への悪口をわざと言わせて、読者の目を惹くようなタイトルにさせられた。

高木　そういうこともあるんですねえ。

江原　あるんですよ。そして、いま百歳になられて、佐藤愛子先生から、自分自身がこの世にいる間にもう一度私と会いたいと、ある仲介役の方が伝えてくれました。実は、その本が出たときに、直接電話で佐藤愛子先生に、「先生、こういうことをおっしゃるんだったら直接言ってください。いつでも私は、対談でも何でもちゃんと乗ったのに、どうしてこんなこと書いたんですか」って言ったんです。そうしたらものすごく動揺されて、その後お手紙をいただきましたが、きっと先生ご自身も心を痛めていらっしゃったんですね。

鎌田　うそをつけない、魂はね。それはちゃんと見ているわけだからね。

髙木　私も同じです。江原さんに対して、本当にお詫びしたかった。

江原　でも、そうしたことすべてギフトだったように思うんですよ。当時、私もそのようにいろいろとバッシングされましたが、その攻撃にも一理あるとは思ったんですね。と言いますのも、私が出て以降、雨後のタケノコのようにスピリチュアルを標榜《ひょうぼう》する人がいっぱい出てきちゃった。それが明らかに商売だったり、明らかにどうなのかな？　と首を傾《かし》げざるを得ないことを言ったりする人も出てきた。

それに、私の名前を使って詐欺があったりとかもしました。私が世の中に出て、それこそ時代の寵児《ちょうじ》みたいに利用されたことで起きた問題もあったと思います。ですから、風当たりは私が一人で受けていたというところがありました。

いま思えばすべてはギフトで、やっぱりよかったなと思います。

髙木　それがすごいことですよ。それが。

鎌田　パイオニアの強みと痛み。まさにギフトですね。

パイオニアは何かをいち早くキャッチするんですよね。未来から来る力とか超越的な働きの中で、ある種のインスピレーション、啓示を受けてアクションせざるを得ない。それはごまかしもない純粋なものなのですが、周りからは、売名行為であるとか自己顕示欲であるとか、いろんなふうに思われてしまう。

しかし、そういう反応が返ってくることを通して、社会の中で生きていることの意味とか、あるいは着実に実践していくことの尊さとか、いろいろなものを学ばせてもらえるんですね。

◆「和解」と「赦し」というギフト

高木　江原さん、一つ伺いたいんですけど、霊が視えますか？

江原　視えることがあります。

高木　それは大きな恵みですよ。ギフト。

江原　もちろんギフトと思うこともあるけれども、それによって苦しいことのほうが多かったですね。

鎌田　シックスセンシズですものね。そういうのが視えることによる悲しみも、苦しみも。

江原　たとえば、スピリチュアルケアという部分で、メディアもそうだし、現実の舞台でもそうなんだけれども、公開のカウンセリングとかを行うわけです。昔は個別にやっていたこともありますが、いまは公開でやっています。みんなが見ているところでやったほうが、みんなが学べるから。

そういう場所には、愛する人を失った人たちもたくさん来られていて、その方たちに亡くなっている方からのメッセージをお伝えするのですが、これはその方たちにとってはとても嬉しいカンフル剤なんですね。でも、カンフル剤って使い過ぎると危険なんです。

鎌田　効かなくもなるし、より強いものに依存しちゃうみたいなね。

江原　そうなんです。もっともっとになるんです。ですからとてもむずかしく、そういうギフトを持っていても、私は難儀します。大切なのは、レントゲンだけ撮るのではなく、やっぱりお医者さま方の治療が必要なんです。だから、私を迫害するのではなくて、専門の先生方と連携して、みんなでバトンリレーしながらそれぞれのギフトを渡していくというのが必要かなって思います。

髙木　でも、江原さんがレントゲンを撮って、その後の治療をどなたか手伝っていらっしゃっていますか。

江原　それがないんですよ。ですから、個別に先生方が伝えてくださっていることが、関係していなくても連携しているとは思うんですよ。

鎌田　一般のケアに携わっている人たちが、江原さんが撮ったレントゲンを通してその人の抱える痛みや苦しみとか問題点を聞き取ることができるか、それに向き合うことができるか。そういうところで、無理のない連携が今後できていけば、また違うものが生まれてくると思うんですね。

今日は、その第一歩で、まずは江原さんと高木先生との間にあった違いを乗り越え、相互理解ができた。

高木　はい、しっかりと協働していきましょう。

江原　その和解と赦しというギフトをくださったのは鎌田先生ですけど、鎌田先生と三十数年ぶりに再会できたのは、先生のご病気というギフトがきっかけですからね。

いまだから申し上げますが、当時の教壇の上の鎌田先生は、近寄るのも畏れ多いという感じで、ものすごく怖かったんです。

鎌田　らしいですね。でも、そういう段階を踏まえて、人生というのは不思議ですね。がんだってステージⅣがあるように、第二ステージ、第三ステージから、スピリチュアル・ステージと、次から次へと目まぐるしくステージが変わっていく。そのステージ、ステージでどういう歌を歌うか。私としては、いま歌える歌を精いっぱい歌っていこうかなと思っています。

江原　人は生きたように死んでいくという言葉がありますけど、鎌田先生はご病気であっても、全然お元気ですよね。

髙木　本当にお元気です。

鎌田　病気であっても健やかなんですよね。これは本当にありがたいですね。

今日はどうもありがとうございました。

（二〇二四年四月三十日　於：援助修道会・市谷田町修道院聖堂）

あとがき

◆未来の「ふるさと」あるいは「森のヌシ」の道

江原啓之さんは、一九八五年四月から二年間、國學院大學別科の神職養成課程で学んでいた。授業は夜なので、朝から夕方までは世田谷区の北澤八幡神社で神職見習いとしてお手伝いをしていたはずだ（そのことは本書の第一部である程度語られている）。

一方、わたしの方は、一九八〇年三月に國學院大學大学院文学研究科神道学専攻博士課程を単位取得満期退学して、一九八三年十月から國學院大學文学部の非常勤講師として「倫理学」と「日本倫理学史」を担当していた。

という次第で、一九八五年四月からの別科の「倫理学」の授業で江原啓之さんと会っていたことになる。

ある時、プラトンの『国家』について話をし、その中に、「エルの物語」という臨死体験話が出ていると説明をしたら、授業終了後、一人の学生が「じつはぼくの伯母さんがエルとそっくりの体験をしたんです。死んで棺の中に入ってお通夜が終わって、棺がごとごとと音を立てて動き出したんです。蓋を開いて確認すると、死んでいたはずの伯母が生き返っていたのです」と言うのである。

「へえ〜、すごいね、それは。その伯母さんは、臨死体験したんだよ。そこで伯母さんが何を見てきたか、訊いた？」と質問したが、彼はその出来事を語っただけで、伯母さんが何を見たり聞いたり経験したかを確認していたわけではないことがわかった。

そのことが少し残念ではあったが、丸顔でぽっちゃりしたソフトなタッチの若者の印象はその後もずっと記憶にとどめられた。

一九九〇年代になって、雑誌などで江原啓之さんの記事を見かけるようになり、二〇〇〇年代になり、二〇〇五年四月から二〇〇九年三月まで続いたテレビ朝日の番組『オーラの泉』は、美輪明宏さんと共演ということもあって、高校三年生の時から美輪明宏（丸山明宏）を尊敬してきたわたしは、何度か番組も観た。

そこで、江原啓之さんが國學院大學別科で「倫理学」の授業の後、臨死体験について我が家の出来事を話してくれた学生だと思い込んだ。今回、それは別人だと判明したが、今となっては、その学生と江原啓之さんがわたしの中で一体化しているので、よくわからなくなった。というより、どうでもよくなった。それぞれが自分の歩む道で、自分にしかできないことをきっちりと自由にやっていけばいいのだ、という思いが強かったから。

そして、二〇二三年十月二十二日に下落合の公益財団法人日本心霊科学協会で、「自然と（特に比叡山）鎮魂とセルフケア」と題して講演した折、同協会顧問の三浦清宏さん、同協会評議員の江原啓之さんが聴きにきてくれ、最後の質疑応答を止めて、急遽、鼎談に切り替えた。それが、一九八七年以来の再会となった。

そこから、一年あまり、あれよあれよという間に本書が世に出ることになったのは驚きであり、時代潮流の加速と危機の深刻さを強く感じている。

＊

わたしは、一九九八年から「みなさん、天気は死にました！」と言い続けてきた。この言葉は、もともと、和歌山県立田辺高校の三年生であった田村君が書いた詩のタイトルである。わたしは十八歳の時にこの言葉に串刺しされ、以来、ことあるごとにこの言葉を繰り返してきたので、今はわたしの標語のようにもなっている。

わたしは、これまで、宗教哲学・民俗学・日本思想史・比較文明学などの学問領域を研究してきた者であるが、この二十年あまり、財団法人地域創造と総務省の「地域伝統芸能まつり実行委員会」（発足：一九九九年、発足時の座長：梅原猛）の委員、京都市と市民で進める「京都伝統文化の森推進協議会」（発足：二〇〇七年、会長：山折哲雄）の副会長・文化的価値発信専門委員会委員長、NPO法人東京自由大学（設立：一九九九年二月、学長：島薗進）の理事長を務め、いくらかなりと「地域」に関する研究と実践に携わってきた。

その経験を踏まえて、二〇一三年四月十一日、第二次安倍（晋三）政権の時に、安倍首相の肝いりで内閣府に「ふるさとづくり有識者会議」が設置され、その第一回の会合で、「ふるさとづくり」のためのたたき台となる「ふるさと像」の提示を求められた。この時、試論的に「ふるさと像」と「ふるさと問題」を問題提起した。以来、「ふるさと」の問題はわたしの中で大きな問題としてあり続けている。

今回の対談は、江原さんが出演された『ニングル』と『夕鶴』という二つのオペラの話を軸に進められたが、本文でも述べているように、『ニングル』には環境を再構築しなくてはいけないという強いメッセージが発せられている。実は、この「ふるさとづくり」を考える際に、重要なものとして環境の問題がある。

ことに、地震・津波・台風・洪水・火山噴火など、自然災害多発地帯である列島に住む我々にとっては、今後起こるであろうさまざまな自然災害を含む変動的な地球環境への取り組みを避けては、未来へ向けての「ふるさとづくり」を考えることはできない。

実は、江原さんたちへの初年度の授業の中でその前年に公開されたアニメ版『風の谷のナウシカ』（一九八四年）についてかなり熱心に論じ、江原さんもそのことをよく覚えているそうだ。ここでは、「ふるさと像」を鮮明にする便法として、「ふるさと」の原像とその変遷を、同じ宮﨑アニメの『となりのトトロ』（一九八八年）と『千と千尋の神隠し』（二〇〇一年）を比較することによって浮かび上がらせてみたい。

『となりのトトロ』と『千と千尋の神隠し』は、共通構造と対照性の両面を持っている。

A：共通点

・引っ越しの場面の共通性

・子どもが異界に入り込むことの共通性（トトロの世界と湯婆婆《ゆばーば》や神々の世界）

・自然神（「森のヌシ」と呼ばれたトトロ、「腐れ神」とも「川のヌシ」とも呼ばれた老龍）と子どもとの交流・交感という共通性

B：相違点
・時代～昭和三十年代と平成時代の違い
・両親と子どもの親子関係の違い
・共同体の絆の有無の違い
・里山と里の風景の違い（伝統的な村のたたずまいと宅地造成された新興住宅地）
・その里山で「神」を祀る社（祠）がどのようになっているかの違い
・「神」自体の活動の違い
・機械化・電化の違い（オート三輪のミゼットと快適な四輪自家用車）

この二つのアニメーションは、昭和三十年代と平成十年代の、五十年を経た戦後日本社会のありようの変化をきわめてわかりやすくかつ印象的に描き出すことに成功している。『となりのトトロ』では、村の入り口にあるお稲荷さんやバス停の稲荷前のお稲荷さん、村の辻や通学路、村境に位置するお地蔵さんや六地蔵さんなどが見事に描き分けられていて、村の自然・社会景観がノスタルジックなまでに巧妙に描かれている。日本人の民間信仰の日常と生活文化と生活風景が活き活きと活写されているといえる。

実は、この楠木《くすのき》の洞《むろ》に棲む「トトロ」が日本の「カミ」の原像である。タイトルともなっている「トトロ」は、日本の民間信仰や宗教学や民俗学の観点から見ると、紛《まご》う方なく日本の「カミ」である。もちろん、「トトロ」は楠木の洞を棲《す》み処《か》とする森の動物として描かれているのであるが、単なる動物ではない。動物の姿をもって立ち現われる不思議な存在、「カミ」である。

日本人にとって「カミ」とはいかなる存在であるかを考える際に、本居宣長が『古事記伝』巻三に、「凡《すべ》て迦微《かみ》とは、古《いにし》への御典等《みふみども》に見えたる天地の諸々の神たちを始めて、其《そ》を祀れる社に坐《いま》す御霊《みたま》をも申し、又人はさらにも云はず、鳥獣木草のたぐひ海山など、其《その》余何《ほか》にまれ、尋常《よのつね》ならずすぐれたる徳《こと》のありて畏《かしこ》きものを迦微とは云なり。すぐれたることとは、尊きこと善きこと、功《いさま》しきことなどの、優れたるのみを云に非《あら》ず。悪しきもの奇《あや》しきものなども、よにすぐれて畏きをば、神と云なり」と記していることが参考になる。

本居宣長は、古典に記された神と表記されるカミ、神社に祀られた諸霊のカミ、鳥獣木草・海山など何事においても優れたところのある畏きもの、それらはみな「カミ」だと述べている。平たく言えば、「カミ」とは「超すごいモノ」であり、日本人が抱いてきたある特定の聖なる感情や情報や力や現象など霊的各ファイルをすべてまとめて取り込む「聖フォルダ」である。

たとえば、イカヅチ（雷神）・カグツチ（火神）・ノヅチ（野神）・ククノチ（木神）・ミズチ（水神）などの「チ」系ファイルのカミガミ、ヤマツミ（山神）・ワダツミ（海神）などの「ミ」系ファイルのカミガミ、ムスヒ（産霊）・ナオヒ（直霊）・マガツヒ（曲津霊）などの「ヒ」系ファイルのカミガミ、アメノミナカヌシ（天之御中主）・オオクニヌシ（大国主）・コトシロヌシ（事代主）・ヒトコトヌシ（一言主）など「ヌシ」系ファイルのカミガミなど、「ヤオヨロズ（八百万）」と言われるほど多くの多様なカミガミを総称・総括する統括ファイルとしてのフォルダが、日本の「カミ」なのである。

こうして、自然の森羅万象の動きとはたらきの中に霊性・霊威・神性・神威の生成と顕現を見てとる感知力が、最終的に、「カミ」という「フォルダ」の中に折りたたまれ、束ねられていった。

わたしは、そうした日本の「カミ」観が縄文時代の精霊的信仰から現代のトトロ像まで日本列島の宗教文化の基層信仰を成していると考えているが、『となりのトトロ』が縄文的な基層信仰をふんだんにちりばめていることに注意しておきたい。

その一つが、「ドングリ」である。森をいのちの海ととらえ崇拝してきた日本文化において、「ドングリ」はまず縄文人の主食として現われてくる。ドングリのアク抜きをするために縄文土器はつくられた。その「ドングリ」を通してメイは「森のヌシ・トトロ」と出会ったのである。

「森のヌシ」は、『古事記』や『日本書紀』などにも描かれた天之御中主神や大国主神や事代主神や一言主神などの「主神」とも関連する、「森の主神」である。その「森のヌシ神」のトトロが、注連縄《しめなわ》の張られた大楠《おおぐす》の洞の中に棲んでいる〝ヌシの神〟である。沖縄でも、「ニラーハラー（ニライカナイ）」の太陽のヌシの神を「ウプヌシガナシー（大主神）」と呼んでいるが、「森のヌシ神」がトトロなのである。

メイの父（草壁タツオ・縄文考古学者）はトトロと遇《あ》ったと言い張るメイに、「メイはきっと、この森の主に会ったんだ。それはとても運がいいことなんだよ。でも、いつも会えるとは限らない」と諭す。

都会から郊外へ引っ越しして来たこの一家は、この後、「鎮守の森」である「塚森」に挨拶に行く。そこには、メイがトトロと出会った巨大な楠木がすっくと立っていた。メイは思わずその樹に駆け寄るが、そこには「孔《あな》」はない。それは、この世から見た楠木の風景だからである。トトロの側から見たら、巨木の根元には出入り口となる「孔」がある。

だが、その「孔」の代わりに、この世には小さな祠（神社）がある。神主さんも住んでいないその神社は、村の人が守っている小さな「鎮守の森」である。

姉のサツキは、自分もトトロと会いたいと言う。すると、草壁パパは、「そうだな。運がよければね。立派な木だなあ。きっと、ずーっとずーっと昔から、ここに立っていたんだね。昔々は、木と人は仲よしだったんだよ。お父さんは、この木を見て、あの家がとっても気に入ったんだ。お母さんも、きっと好きになると思ってね」と子供たちに言い、「さっ、お礼を言って戻ろう」と二人を促し、「気をつけ。メイがお世話になりました。これからもよろしくお願いいたします」とペコリとおじぎをする。この場面は、宮沢賢治の『注文の多い料理店』の中の童話「狼森《オイノもり》と笊森《ざるもり》、盗森《ぬすともり》」を想起させる。森の近くに引っ越してきた農民たちが森の「ヌシ」たちにお供えを捧げて挨拶するのだが、まさにこの草壁一家の行動パターンと同じ心意と行動様式であった。そしてそれは、今なお引っ越しや新築に際し地鎮祭を行なう心意ともつながっている。自然と人間との付き合い方の礼儀、マナーがつつましやかにかつ奥床しく表現されている。

わたしはこの草壁パパのモデルの一人は南方熊楠《みなかたくまぐす》だったと考えているが、その当否はともかく、鎮守の森→トトロ→大物主神→三輪山とリンクする生態学的サークル（美輪）を護ろうと「神社合祀反対運動」をラディカルに展開したのが、「熊」という動物と「楠」という植物の名前を持つ、トトロ的円環の守護者と言える南方熊楠であった。

熊野の入り口に当たる海南市の藤白王子社の境内社・楠神社の宮司に名前を付けられた南方熊楠は、今からおよそ一世紀前の一九一〇年ごろ、生態学と民俗学の研究に基づきつつ神社合祀反対運動を展開した。明治政府は、神社を行政単位である一町村につき一社に統合整理しようとした。そうすると、古くからある「鎮守の森」のような里山や小さな森の社や祠はすべてなくなってしまう。これは、「ふるさと」の「トトロ」を森から追い出してしまう仕業《しわざ》である。

森の守護者である南方熊楠によると、神社合祀は、①敬神思想を薄め、②民の和融を妨げ、③地方を衰微させ、④国民の慰安を奪い、人情を薄くし、風俗を害し、⑤愛国心を損ない、⑥土地の治安と利益に大害があり、⑦史蹟と古伝を滅却し、⑧天然風景と天然記念物を亡滅する。つまり、日本人がこの日本列島の風土の中から感受・感得してきた「カミ」に対する感覚をないがしろにしてしまう浅薄皮相きわまる無謀なる政策であるということになる。

こうして南方熊楠は、激烈な神社合祀反対運動を展開するのであるが、その論理はまことに体系的かつ網羅的で、「神社合祀」という上から目線の官僚（お上）的な行政がゴリ押しする強制的暴力的政策の問題点と欠陥を鋭く深く突いていて、その論理は未来的意味を持っている。

この点で、南方熊楠と宮沢賢治は日本近代における「生態智」思想探究の先駆的実践者である。熊楠は、「わが国の神社、神林、池泉は、人民の心を清澄にし、国恩のありがたきと、日本人は終始日本人として楽しんで世界に立つべき由来あるを、いかなる無学無筆の輩《やから》にまでも円悟徹底せしむる結構至極の秘密儀軌たるにあらずや」と述べ、また「神社の人民に及ぼす感化力は、これを述べんとするに言語杜絶《とぜつ》す。いわゆる『何事のおはしますかを知らねども有難さにぞ涙こぼるる』ものなり」、「野外博物館とは実は本邦の神林神池の二の舞ならん」（以上「神社合祀に関する意見」一九一二）と述べている。

つまるところ、神社の森、すなわち「鎮守の森」は、日本の誰の心にも清らかな感覚と日本の風土のよさを感得させ、誇りを持たせる魔法の力を持っていると主張したのである。そしてそれは日本人の「カミ」感覚の基盤をなし、現代の「野外博物館」の先駆モデルであると喝破したのである。

しかもこのとき、南方熊楠は、「殖産用に栽培せる森林と異《かわ》り、千百年来斧斤《ふきん》を入れざりし神林は、諸草木相互の関係はなはだ密接錯雑致し、近ごろはエコロギーと申し、この相互の関係を研究する特種専門の学問さえ出《い》で来たりおることに御座候」（和歌山県知事宛書簡、一九一一）とか、「昨今各国競うて研究発表する植物棲態学ecologyを、熊野で見るべき非常の好模範島（神島のこと）」（柳田國男宛書簡、一九一一）とかと述べ、いち早く「エコロギー」という言葉を使って生命の宝庫としての神社の森（鎮守の森）を護り、社会運動を生態学的な生命研究と接合しているのである。

一千年単位で樹を伐らずに護ってきた「神林」は、いろいろな草や木が相互に「密接錯雑」し、エコロジカルな相互関係や円環性を持っている。その典型が田辺湾に浮かぶ美しい島「神島」であると主張した。世界を護るためには各地域のローカルで小さな森を護らなければならない。コミュニティの生産と消費、つまり地産地消の原点は、山・森（奥山・里山）―野原―田畑―川―海の連環の中にある。「カミ」は小さな「地域の森」の細部に宿り給うと主張したのである。

だが、そのようないわゆる「鎮守の森」は、『千と千尋の神隠し』になると、限りなく弱体化している。『となりのトトロ』も『千と千尋の神隠し』も、映画はともに引っ越しの場面から始まるが、両者は対照的に描かれる。

元気のよい子供（メイとサツキ）と何事にも興味を持たない子供（千尋）の対照性。子供の世界がわかって一緒に遊べる親（草壁パパ）と子供の世界がわからない自分勝手な親（千尋パパ）の対照性。そして、千尋の両親は、勝手に飲み食いして「豚」になってしまう。しかも、トトロが棲んでいたような森は切り崩され、宅地造成されて、神の住処よりも人の住処の方が上に立っている。そこでは、「神の家」（祠や神社）は打ち捨てられ、注連縄を張っていた神木も朽ち果て、鳥居も傾いている。

忘れられた「神の家」。そこでは、カミガミも汚れ、疲れ、「癒し」を求めている。癒しの湯屋に訪れてくる「腐れ神」（とされたカミ）は、本当は「名のある河のヌシ」であり、「翁神」でもあり「老龍」でもあったのだが、一見すると、「腐れ神」になってしまっていた。それが、まさに現代の風景であり、時代状況であることを宮崎駿は鋭く告発している。

「千尋」は「千」と名前を変えられたことで、魔女に支配されることになるという設定には言葉や名前の重要性の思想が見られるが、「ハク」の本当の名前が「ニギハヤミコハクヌシ」であり、河の「ヌシ」神であるところも重要である。だが、今日的風景と社会風潮として、千尋の父母は浅ましい欲望過多な物質主義的現代人のカリカチュアとして描かれている。それは、現代を生きるわれわれ自身の自画像とも言えるだろう。

ここで、総括的に、宮崎駿の主たる作品を次のように解釈しておく。

・日本の神々および宗教文化の原風景・原像としての『となりのトトロ』
・日本の神々および宗教文化の弱体化・衰退と蘇りの希求としての『千と千尋の神隠し』
・日本の古層の神々の死＝神殺しと時代の苦悩としての『もののけ姫』

そして、「トトロ」という「森のヌシ神」は『もののけ姫』においては、シシ神や乙事《おっこと》主《ぬし》などに分化しつつ、その神性が剝奪され、弱体化されていく中世的変容の過程が描かれている。これらの宮崎ヌシ神シリーズの元型となるのが『風の谷のナウシカ』である。そこではトトロの原像は「森のヌシ神」的な存在である王蟲《オーム》であった。

こうして、宮崎アニメ作品は、「ふるさと」像や地域創造の問題を考えていく上で、いくつもの重要なメッセージを発し、未来に生きる「生態智」の探究実践を促す力となるものといえよう。

こうした生態智の問題は、本書で語られているオペラ『ニングル』にも『夕鶴』にも色濃く反映されている（つうが自らの羽根で織る布は自然の恵みであり、それを換金して枯らしてしまうことの比喩とも言えるだろう）。

結局、江原啓之さんがこの「危ない！」シリーズで強調してきたように、ふるさと＝自然の喪失は急速に進行している。現状は、「国破れて山河あり」（杜甫「春望」）から、「国破れて山河なし」だ。

その上、そうした環境破壊を要因とする災害への危機感も今や深刻である。解決策はある程度見えても、それを実践し奏功する兆しはまったく「視えない！」。

業を煮やしたわたしは、もはや政府も行政もまったく信用できないと、二〇二四年十一月二十日に、「災害学・災害社会支援者研修センター」を設立し、「災害社会支援士・社会コーディネーター」の育成と研修を始めた（二〇二五年一月十三日、防災士資格取得）。

もはや、どこからでも、だれからでも、アクションをし、連携できるところから友愛的に連携していくほかない。

鎌田東二拝

二〇二五年一月十日

時行きて　視えない道を一人行く
同行二人《どうぎょうににん》の助けを受けて

江原啓之（えはら・ひろゆき）

１９６４年生まれ。スピリチュアリスト。世界ヒーリング連盟元会員。和光大学人文学部芸術学科を経て國學院大學別科神道専修Ⅱ類修了。一般財団法人日本スピリチュアリズム協会代表理事。吉備国際大学ならびに九州医療科学大学客員教授。一般社団法人日本フィトセラピー協会顧問。著書に『あなたが危ない！――不幸から逃げろ！』『この世が危ない！』『大切な人を失ったときに この悲しみはどうしたら癒えるのでしょう』ほか、共著に『きれいに逝かせてください』ほか多数。

鎌田東二（かまた・とうじ）

１９５１年、徳島県生まれ。専門は宗教学・哲学。上智大学大学院実践宗教学研究科・グリーフケア研究所特任教授等を経て、京都大学名誉教授。天理大学客員教授。主著に『神界のフィールドワーク』『翁童論』『南方熊楠と宮沢賢治』『悲嘆とケアの神話論』ほか。神道ソングライターとして、『この星の光に魅かれて』、『なんまいだー節』、『絶体絶命』等をリリース。石笛・横笛・法螺貝などの演奏についてはＣＤブック『元始音霊　縄文の響き』などがある。

未来《みらい》が視《み》えない！
どうしてこんなに通《つう》じ合《あ》わないんだろう？

2025年3月30日　第1刷発行

著　者｜江原啓之《えはらひろゆき》　鎌田東二《かまたとうじ》
発行人｜牛木建一郎
発行所｜株式会社ホーム社
〒101-0051　東京都千代田区神田神保町3-29 共同ビル
電話　編集部　03-5211-2966
発売元｜株式会社集英社
〒101-8050　東京都千代田区一ツ橋2-5-10
電話　販売部　03-3230-6393（書店専用）
読者係　03-3230-6080

印刷所｜大日本印刷株式会社
製本所｜加藤製本株式会社

Printed in Japan　ISBN978-4-8342-5397-9 C0095

定価はカバーに表示してあります。